ベーシック 国際租税法

International Tax Law

[著] 土屋重義
沼田博幸
廣木準一
池上　健
本田光宏

同文舘出版

〔執筆者・担当章〕〈執筆順〉

本田　光宏　　第1章・第6章
土屋　重義　　第2章・第7章
池上　　健　　第3章・第10章
沼田　博幸　　第4章・第9章
廣木　準一　　第5章・第8章

はしがき

　近年におけるわが国の経済はヒト，モノ，カネといったあらゆる局面において，国際化の動きを加速させています。経済の国際化の形態には，わが国の企業や人が海外に進出するアウトバウンド取引等と海外の企業，人がわが国の国内に進出してくるインバウンド取引等と2つのパターンがありますが，いずれにおいてもその急速な展開が指摘されているところです。そして，このことは，租税の分野においても，国際化への対応の重要性を再確認させることとなっています。ちなみに，筆者が課税庁に勤務することになった1970年代初期には，税務職員で国際課税を担当していた者はせいぜい10名前後ではなかったかと記憶していますが，現在では東京国税局の大法人の調査を担当する調査部だけで200人を超える大部隊となっています。

　このような税務の国際化の中で，BEPSの動きに象徴されるように，主要国における国内法の国際関係条項や租税条約の動向は，各国政府の閣僚レベルで論ぜられる問題となってきており，限られた税務関係者のみの関心事ではなくなりつつあります。そして，このことは，多くの税務関係者にとって，租税法の中でも，国際租税法についての知識がもはや必要不可欠なものになりつつあることを意味します。

　本書はこのように急速にその重要性を高めている国際租税法を全体的に概観したものです。初学者が手に取ることを前提とした入門書で，章立ては国際租税法の基本的事項である10の項目（すなわち以下の10章，①国際租税法とは，②居住者・非居住者（内国法人・外国法人）の区分とソース・ルール，③租税条約，④国際的二重課税の排除，⑤外国子会社合算税制，⑥移転価格税制，⑦過少資本税制・過大利子税制，⑧相続税・贈与税と国際課税，⑨消費税と国際課税，⑩国際課税に関する税務行政）に絞っています。また，各章の内容についても，初学者の視点に立って，単なる制度の解説に止まらず，その制度制定の背景となった考え方を紹介できるよう，極力努めたつもりです。このような私たち執筆者の配慮が読者のみなさんに理解いただけれ

ば望外の幸です。

　最後になりますが，ともすると難解な表現に走りがちな著者達に対し，あくまでも学生向けの入門書であるという原点に立った助言をいただくとともに，原稿の校正，索引の作成等で多大なご尽力をいただいた同文舘出版株式会社専門書編集部の青柳裕之氏に，深い感謝を申し上げます。

　平成 27 年 9 月

共著者を代表して　土屋重義

目　次

第1章　国際租税法とは

I　国際租税法の重要性 …………………………………………………………… 1
II　国際租税法の特色 …………………………………………………………… 3
1. 国の課税権（課税管轄権）　3
2. 租税条約の役割　3
3. 源泉徴収制度の役割　4
4. 国際的な投資交流の促進　5

III　国際租税法の目的 …………………………………………………………… 5
1. 国際的な二重課税の調整　6
2. 国際的な租税回避の防止　9

IV　国際租税制度の概要 ………………………………………………………… 11
1. 国際租税法の法源　11
2. 国際租税法の体系　13
3. 国際租税法の沿革　14

第2章　居住者・非居住者（内国法人・外国法人）の区分とソース・ルール

I　居住者・非居住者（内国法人・外国法人）の区分と課税対象所得の範囲 …… 17
1. 納税者の区分と課税所得の範囲　17
2. 居住者・非居住者とは　18
3. 内国法人・外国法人とは　20

II　ソース・ルール ……………………………………………………………… 21
1. ソース・ルールとは　21
2. 非居住者・外国法人に対する課税　27

第3章　租税条約

I　租税条約とは何か …………………………………………………………… 43

    1. 租税条約とは何か　43
    2. 租税条約の目的　44
    3. 租税条約の原則　45
    4. モデル租税条約　52
  Ⅱ 国際的二重課税の回避 ……………………………………………………… 53
    1. 租税条約による国際的二重課税回避の意義　53
    2. 所得の種類による課税権の配分　54
    3. 相互協議　61
    4. 仲裁　61
  Ⅲ 脱税や租税回避の防止 ……………………………………………………… 62
    1. 国際課税と脱税・租税回避　62
    2. 情報交換　63
    3. 徴収共助　65

第4章　国際的二重課税の排除

  Ⅰ 国際的二重課税とは何か ………………………………………………… 67
  Ⅱ 国際的二重課税排除の仕組み …………………………………………… 68
    1. 基本パターン　68
    2. 国外の税率が高いケース　74
    3. 国外の税率が低いケース　77
    4. 複数の外国に進出する場合　78
    5. 子会社形態で進出する場合　81
    6. 制度設計のあり方　85
  Ⅲ わが国の国際的二重課税の排除の経緯 ……………………………… 85
  Ⅳ 外国税額控除制度 …………………………………………………………… 86
    1. 外国税額控除制度を定めた規定　87
    2. 全体の仕組み　87
    3. 控除余裕枠と超過額の繰越し　91
    4. みなし外国税額控除　92

5. 個人の場合の外国税額控除　92
　Ⅴ 外国子会社配当益金不算入制度 ……………………………………… 94
　　1. 制度の概要　94
　　2. 対象となる配当　94
　　3. 対象となる外国子会社　94
　　4. 5％控除の意味　95

第5章　外国子会社合算税制

　Ⅰ 外国子会社合算税制（タックス・ヘイブン対策税制）の沿革と趣旨 … 97
　　1. 沿革　97
　　2. 趣旨　99
　Ⅱ 外国子会社合算税制の対象となる外国法人 ……………………… 100
　　1. 外国関係会社　100
　　2. 特定外国子会社等　101
　Ⅲ 外国子会社合算税制が適用される居住者・内国法人 ………… 102
　Ⅳ 合算対象とされる収益の額の計算 ………………………………… 103
　　1. 基準所得金額　103
　　2. 適用対象金額　104
　　3. 課税対象金額　105
　Ⅴ 適用除外 ……………………………………………………………… 106
　　1. 事業基準　107
　　2. 実体基準　108
　　3. 管理支配基準　109
　　4. 所在地国基準または非関連者基準　110
　　5. 統括会社の特例　115
　Ⅵ 資産性所得の合算課税 ……………………………………………… 117
　　1. 特定所得の金額　118
　　2. 資産性所得の合算課税制度の適用除外　119
　Ⅶ 二重課税の調整 ……………………………………………………… 119

1. 内国法人が特定外国子会社等から受ける剰余金の配当等に係る二重課税の調整　120
2. 居住者が特定外国子会社等から受ける剰余金の配当等に係る二重課税の調整　121
3. 内国法人が外国子会社合算税制の適用を受ける外国孫会社から外国子会社を経由して受ける剰余金の配当等の二重課税の調整　121
4. 居住者が外国子会社合算税制の適用を受ける外国孫会社から外国子会社を経由して受ける剰余金の配当等の二重課税の調整　122
5. 特定外国子会社等の課税対象金額または部分課税対象金額に係る外国法人税額の控除　123

第6章　移転価格税制

Ⅰ　移転価格の問題とは　127
Ⅱ　独立企業原則（ALP：Arm's Length Principle）　128
Ⅲ　移転価格税制の概要　130
1. 制度の基本的な仕組み　130
2. 適用対象者　131
3. 適用対象取引（国外関連取引）　131
4. 国外関連者　132
5. 独立企業間価格　134
6. 移転価格税制適用の効果　141

Ⅳ　移転価格税制の円滑な執行のための手続き　142
1. 情報の提出　142
2. 推定による課税　143
3. 比較対象企業に対する質問検査権　143
4. 独立企業間価格を算定するために必要と認められる書類　144
5. 更正決定などの期間制限の延長　144
6. 納税の猶予　144

Ⅴ　二重課税の排除・防止　145

1.　対応的調整　145
　　2.　事前確認制度（APA:Advance Pricing Arrangement）　146

第7章　過少資本税制・過大利子税制

Ⅰ　過少資本税制 ……………………………………………………………… 149
　　1.　目的　149
　　2.　制度の内容　150
Ⅱ　過大支払利子税制 ………………………………………………………… 155
　　1.　目的　155
　　2.　制度の内容　156

第8章　相続税・贈与税と国際課税

Ⅰ　相続税法の納税義務者 …………………………………………………… 161
　　1.　相続税法の国際的側面　161
　　2.　相続税の納税義務者と課税財産の範囲　162
　　3.　贈与税の納税義務者と課税財産の範囲　164
　　4.　住所の意義　164
Ⅱ　財産の所在 ………………………………………………………………… 165
Ⅲ　国外財産に係る外国税額控除 …………………………………………… 167

第9章　消費税と国際課税

Ⅰ　消費税における国際課税 ………………………………………………… 169
Ⅱ　現行消費税法の取扱い …………………………………………………… 170
Ⅲ　原産地主義と仕向地主義 ………………………………………………… 171
Ⅳ　国際的な課税ルールの必要性 …………………………………………… 175

第10章　国際課税に関する税務行政

Ⅰ　国際課税に関する税務行政の重要性 …………………………………… 177
Ⅱ　国際課税に関する制度と税務行政 ……………………………………… 178

1.　情報の収集と提供　178
　　2.　国をまたいだ課税逃れへの対応　183
　　3.　租税徴収の共助　184
Ⅲ　国際的な協力 ………………………………………………………… 185
　　1.　租税回避防止のための国際協力　185
　　2.　税務行政についての国際協力　186

参考文献　188
索　　引　189
判例索引　191

コラム一覧

[column 1]　BEPS(税源浸食と利益移転)について　16

[column 2]　恒久的施設(PE)とは　41

[column 3]　国により異なる租税条約の立場　51

[column 4]　外国法人の国内支店の外国税額控除　93

[column 5]　国外関連者寄附金と相互協議　147

[column 6]　租税条約と外国子会社合算税制との関係について　123

[column 7]　コーポレート・インバージョンとは　125

[column 8]　過少資本税制とAOA　159

[column 9]　リバースチャージ　173

[column 10]　JITSICとは何か　186

凡　例

1　法令，通達等の略語

通法	国税通則法
所法	所得税法
新所法	2017（平成 29）年分以後より適用される所得税法
法法	法人税法
新法法	2016（平成 28）年 4 月以降開始事業年度より適用される法人税法
相法	相続税法
消法	消費税法
措法	租税特別措置法
新措法	法人については 2016（平成 28）年 4 月以降開始事業年度，個人については 2017（平成 29）年分以後より適用される租税特別措置法
実特法	租税条約等の実施に伴う所得税法，法人税法及び地方税法の特例等に関する法律
国外送金調書法	内国税の適正な課税の確保を図るための国外送金等に係る調書の提出等に関する法律
所令	所得税法施行令
新所令	2017（平成 29）年分以後より適用される所得税法施行令
法令	法人税法施行令
新法令	2016（平成 28）年 4 月以降開始事業年度より適用される法人税法施行令
消令	消費税法施行令
措令	租税特別措置法施行令
新措令	法人については 2016（平成 28）年 4 月以降開始事業年度，個人については 2017（平成 29）年分以後より適用される租税特別措置法施行令
措規	租税特別措置法施行規則

民	民法
会社	会社法

所基通	所得税基本通達
法基通	法人税基本通達
相基通	相続税法基本通達
措通	租税特別措置法関係通達
移転価格事務運営指針	移転価格事務運営要領の制定について（事務運営指針） 平成 13 年 6 月 1 日

最(大)判	最高裁判所（大法廷）判決
最判	最高裁判所判決
高判	高等裁判所判決
地判	地方裁判所判決

民集	最高裁判所民事判例集
行集	行政事件裁判例集
訟月	訟務月報
税資	税務訴訟資料

国連モデル（国連）	国際連合モデル租税条約（二重課税租税条約）
OECD モデル（OECD）	経済協力開発機構（OECD）モデル租税条約（所得と財産に対するモデル租税条約）
日米租税条約（日米）	所得に対する租税に関する二重課税の回避及び脱税の防止のための日本国政府とアメリカ合衆国政府との間の条約（平成16年条約第2号）
日中租税協定（日中）	所得に対する租税に関する二重課税の回避及び脱税の防止のための日本国政府と中華人民共和国政府との間の協定（昭和59年条約第5号）
日英租税条約（日英）	所得及び譲渡収益に対する租税に関する二重課税の回避及び脱税の防止のための日本国とグレートブリテン及び北アイルランド連合王国との間の条約（平成18年条約第11号）
日印租税条約（日印）	所得に対する租税に関する二重課税の回避及び脱税の防止のための日本国政府とインド共和国政府との間の条約
日タイ租税条約（日タイ）	所得に対する租税に関する二重課税の回避及び脱税の防止のための日本国とタイとの間の条約（平成2年条約第6号）
日星租税条約（日星）	所得に対する租税に関する二重課税の回避及び脱税の防止のための日本国政府とシンガポール政府との間の協定（平成7年条約第8号）
移転価格ガイドライン	OECD 移転価格ガイドライン［多国籍企業と税務当局のための移転価格算定に関する指針］

2 条文の符号

　1, 2 ＝ 条を示す。

　①, ② ＝ 項を示す。

　一, 二 ＝ 号を示す。

　〈例〉

　所法5②一 ＝ 所得税法第5条第2項第1号

ベーシック国際租税法

第1章

国際租税法とは

I 国際租税法の重要性

　商品やサービスが国境を越えて取引され，企業の対外投資活動が盛んになると，このような国際的な経済活動から生ずる所得に対してどのような課税が行われるかは税制上重要な課題となります。

　各国は，その主権の1つとして位置づけられる自国の課税権に基づいてそれぞれ課税を行いますので，1つの国際取引から生じた所得に対して，重複した課税（**国際的な二重課税**）が行われる場合があります。また，タックス・ヘイブン（Tax Haven）と呼ばれる租税回避地や特定の国が設定する優遇税制，国と国の間の法人税率や税制の相違などを利用して，本来あるべき課税を回避するような企業の行動（**国際的な租税回避**）に対して，どのように対応するかという問題も生じることになります。

　国際租税法は，このような国際取引に適用される租税制度を総称する用語です。したがって，租税法の中に，個別の税目の名称として「国際租税法」があるのではなく，所得税法，法人税法，租税特別措置法などにおいて，国際的な二重課税の調整，非居住者や外国法人の納税義務，国際的な租税回避の防止などを定める規定を主な内容としています。

　また，国内法の規定に加えて，国際的な二重課税の防止を主な目的として

二国間で締結される租税条約なども，国際租税法の法源の1つとなっていることが特色です。

　国際租税法の目的としては，国際的な二重課税の調整を行うとともに，国際的な租税回避の防止を図ることにより，自国の適正な課税権を確保することが一般にあげられています。さらに，最近では，国際的な二重課税の調整を行うことにより，国際的な投資交流や人的交流を促進して，経済の活性化にも貢献することも期待されています。

　現在の国際租税法の基本的な仕組みは，1920年代の国際連盟におけるモデル租税条約の検討などにその原型を遡ることができます。当時は，国際的な経済活動の勃興期であり，国際通商や対外投資の発展に重要な影響をもたらす各国の重複した課税という「税の障害」を取り除いて，経済活動の基礎的な環境を整えるために，国際的な二重課税の調整に重点を置いたルール作りに主眼が置かれました。

　第二次大戦後には，国際課税のルール作りは，OECD（経済協力開発機構）に引き継がれ，国際的な二重課税の調整に加えて，タックス・ヘイブンなどを利用した不当な税負担の軽減の防止などの国際的な租税回避の防止にも重点が置かれてきています。

　21世紀に入り，通信や交通手段が高度に発展し，企業は全世界的な規模で事業を展開するとともに，国境を越えた人の往来も以前とは比較にならないほど盛んになってきています。それに伴い，電子商取引，国境を越えたサービスの取引，無形資産取引などの課税問題も出現してきています。さらに，近年は，一部の多国籍企業の行き過ぎたタックス・プランニングによる「BEPS（税源浸食と利益移転）」の問題が注目を集め，現在，OECDとG20において，その対応策の検討が進められています。

　経済が高度にグローバル化した現代社会においては，租税法分野における国際租税法の重要性はいっそう増してきているといえます。

II 国際租税法の特色

1. 国の課税権（課税管轄権）

　国の課税権は，国家の主権に基づくものであり，国家間の課税権についての調整や判断などを行う国際的な仕組みは基本的にはありません。そのため，二国間の課税権を配分・調整し，国際的な二重課税の調整を目的としている租税条約や，租税条約の解釈・適用に関する共通的な指針としての，OECDモデルコメンタリーや移転価格ガイドラインなどは重要な役割を担っています。

　国の課税権の範囲については，古くには国への政治的帰属（国籍）が基準として考えられましたが，現在では，その国との経済的結びつきまたは経済的帰属に根拠を求める考え方が一般的です。

　この考え方に基づくと，国は，自国に居住する個人や内国法人に対しては居住地国として課税権を行使する一方（**居住地国課税**），自国内で行われた経済活動や所在する財産に基因する所得に対しては源泉地国として課税権を行使する（**源泉地国課税**）ことになります。

　これを納税者側から見ると，居住者は，その所得の源泉が国内であるか国外であるかを問わずに，自分の居住地国で課税対象とされることになります（全世界所得に対して課税されるため，**無制限納税義務者**と呼ばれます）。一方，非居住者は，その所得の源泉がその国内にある場合に，源泉地国で課税対象とされることになります（国内源泉所得にかぎり課税されるため，**制限納税義務者**と呼ばれます）。

2. 租税条約の役割

　国際的な二重課税の調整の仕組みとしては，国内法で，外国税額控除などの規定が設けられています。それでは，国内法にこのような規定があるにもかかわらず，なぜ，国際的な二重課税の防止を主な目的とする租税条約が必

要となるのでしょうか。

　この点については，租税条約の定める源泉地国での課税の制限や，所得の源泉地の統一という機能が重要です。国内法上の外国税額控除も無制限に外国法人税を控除するものでなく，国外所得金額に対するわが国の法人税の額を限度としているため，投資先国で高率な課税を受けた場合には，二重課税の排除ができない結果となってしまうため，租税条約で投資先国での課税を制限することが重要となります。

　また，所得の源泉地は各国の国内法で定められているため，両国で所得の源泉が重複することによる二重課税の発生や，国内源泉所得に対する相手国の課税が行われた場合には，そもそも外国税額控除の対象とすることができないといった問題が生じてしまうため，租税条約で所得の源泉地の統一を図っています。

　このように，租税条約の二重課税排除の機能は，国内法上の二重課税の排除をいっそう確実なものとするものということができます。

　また，租税条約では，情報交換，徴収共助，相互協議など，両国間での執行面での協調の仕組みが規定されています。国際的な租税回避の問題への対応については，一国単独での対応には限界があり，企業の国際的な経済活動に関する情報の交換や，租税を滞納している納税者に対する徴収面での協力などは，国際的な取引に対する適切な課税を確保する上で不可欠なものとなっています。

3. 源泉徴収制度の役割

　非居住者・外国法人が納税義務者となる場合には，課税の徴収を確保することが重要であり，徴税確保のための手段として，源泉徴収制度の機能・役割が大きくなっています。

　課税方法としては，直接投資とポートフォリオ投資の投資形態に大別して，課税上の取扱いが定められるのが一般的で，直接投資には申告納税が採用されるのに対して，ポートフォリオ投資には源泉徴収での課税方法が多く採用されています。

具体的な課税関係の検討にあたっては，課税要件に関する事実関係に対して，国内法の適用に加えて，租税条約の規定の適用も必要となっていることが，国際租税法の特色となっています。

4. 国際的な投資交流の促進

近年，非居住者・外国法人が取得する一定の利子所得などについては非課税措置が多く設けられ，国際的な投資交流の促進や経済活性化などの政策効果が期待されています。

また，これまでの間接外国税額控除制度に代えて，2009年度に導入された外国子会社配当益金不算入制度は，国際的な二重課税の調整に加えて，外国子会社から日本の親会社への配当という形で，国外で得た資金の国内への還流を促進する効果が期待されています。

一方，租税条約では，課税に関する差別的取扱いの禁止や，租税条約の規定に適合しない課税についての両国間の協議による解決などを規定しており，海外に進出したわが国の投資家および投資財産などの保護の重要な機能も担っています。

このような租税条約の機能は，通商関係条約や国際投資協定などの目的と軌を一にしており，わが国企業の海外投資活動を支える法的なインフラの1つとして重要なものとなっています。

III 国際租税法の目的

国際租税法は，国際的な二重課税の調整を行うとともに，国際的な租税回避の防止を図ることにより，自国の適切な課税権を確保することを目的としています。例えば，日米租税条約の前文では，次のように規定して，この2つの目的を明らかにしています。

「日本国政府及びアメリカ合衆国政府は，所得に対する租税に関し，二重課税を回避し及び脱税を防止するための新たな条約を締結することを希望して，次のとおり協定した。」（下線は筆者）

さらに，近年では，国際的な二重課税の調整を行うことにより，国際的な投資交流や人的交流を促進して，経済の活性化にも貢献することも期待されています。

　自国の課税権の確保と国際的な投資交流の促進の関係については，課税権の確保にウェートを置きすぎると，国際的な投資交流の促進という面にマイナス効果が生じるように，一種のトレード・オフの関係にあります。経済取引のグローバル化や企業の海外進出形態の多様化といった経済構造が変化する中で，課税権の確保と国際的な投資交流の適切なバランスを図ることが重要な政策課題となっています。

1. 国際的な二重課税の調整

　国際的な二重課税には，同一の納税者の同一の所得に対して，異なる国が重複して課税を行う場合（法的二重課税）と，経済的に同一の所得について，法的には異なる者に対して異なる国の課税が重複して行われる場合（経済的二重課税）があります。

(1) 法的二重課税
　法的二重課税が発生する場合としては，次の3つの場合があります。

①居住地国課税と源泉地国課税が競合する場合
　法的二重課税の典型的なケースで，ある国の居住者が，進出先の国内源泉所得を取得した場合には，居住地国課税と源泉地国課税が競合することになります。

　このような場合には，通常は，居住地国が，その居住者に対して外国税額控除制度や国外所得免除制度などにより，国際的な二重課税を調整することになります。

図表 1-1　法的二重課税の例

源泉地＼居住地	A国居住者	B国居住者
A国国内源泉所得	A国による居住地国課税	A国による源泉地国課税 B国による居住地国課税
B国国内源泉所得	B国による源泉地国課税 A国による居住地国課税	B国による居住地国課税

②居住地国課税が競合する場合（二重居住者）

　1つの法人について，双方の国がそれぞれ自国の居住者として取り扱った場合には二重居住者として，無制限納税義務が競合することになります。

　例えば，法人の本店が本店所在地主義を採用している国に所在するとともに，その法人の管理支配が，管理支配地主義を採用している国で行われているような場合には，二重居住者が生じることになります。

　このような場合には，租税条約では，一定の基準でいずれか一方の国の居住者に振り分ける仕組みが採用されています。

③源泉地国課税が競合する場合（二重源泉所得）

　同一の所得について，双方の国がそれぞれ自国の国内源泉所得として取り扱った場合には二重源泉所得として，制限納税義務が競合することになります。

　このような問題を避けるために，租税条約では，所得の源泉地について両国間で統一を図ることなどにより，国内法での国際的な二重課税の排除をいっそう確実なものとしています。

(2)　経済的二重課税

　異なる納税者であるものの，経済的に同一の所得に対して，異なる国が重複して課税を行う場合には，経済的二重課税が生じることになります。

　例えば，A国の親会社（P社）がB国に所在する子会社（S社）に対して，

100の価格で商品を販売し、S社は120で第三者に販売するケースを考えます（図表1-2）。A国の課税当局が、この販売価格は通常の価格よりも低すぎるとして110に増額調整した場合には、親子会社を通じた利益50については、調整後は60の利益となり、B国での調整が行われないかぎり、増額調整された10については、A国およびB国の両国で重複して課税（経済的二重課税）が行われていることになります。

このような場合には、A国による増額調整が、独立企業間価格と呼ばれる価格に基づくことがA国とB国との間で合意できた場合には、B国での減額修正（対応的調整と呼ばれます）により、経済的二重課税の調整が行われることになります。

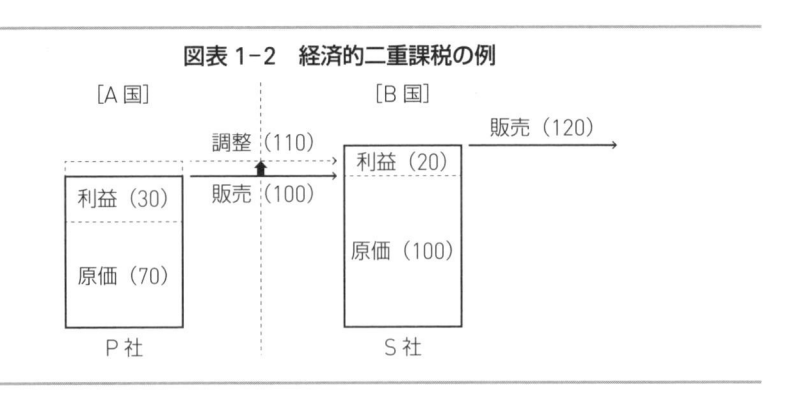

図表1-2　経済的二重課税の例

```
    [A国]                          [B国]
                 調整（110）
                   ↑                     販売（120）
                          利益（20）      ─────→
                 販売（100）
    利益（30）    ─────→
                          原価（100）
    原価（70）
       P社                    S社
```

(3) 税制の中立性

国際的な二重課税の調整の仕組みとの関係では、企業の国際的な投資活動に対する税制の中立性の考え方としては、資本輸出中立性（CEN: Capital Export Neutrality）、資本輸入中立性（CIN: Capital Import Neutrality）、国家中立性（NN: National Neutrality）などの考え方があります。

資本輸出中立性の考え方は、居住者が国外投資を行うか、国内投資を行うかの選択にあたり、税制が中立的であることを目指す考え方で、国際的な二重課税の調整方法としては、外国税額控除方式が親和的です。

これに対して，資本輸入中立性の考え方は，国外からの投資と国内からの投資とが等しく課税されることを目指す考え方で，国際的な二重課税の調整方法としては，国外所得免除方式が親和的となります。

　なお，国家中立性の考え方は，国と企業の全体としての立場から見て，投資の場所によって影響を受けないことを目指す考え方で，外国税額の取扱いとしては，国内または国外での費用と同様に，損金に算入されることが望ましいと考えます。

2. 国際的な租税回避の防止

　国際的な租税回避行為の代表的な形態としては，タックス・ヘイブンなどを利用して税負担の軽減を図る行為や，租税条約の特典を本来は享受することができない第三国の企業などが，租税条約を不適切に利用する行為（トリーティー・ショッピング）などがあります。

(1) タックス・ヘイブンなどの利用

　タックス・ヘイブンとは，一般に，所得に対する課税がまったく行われていない，または課税が行われていても名目的な課税にすぎない国や地域を表します。

　子会社等をこうしたタックス・ヘイブンに設立して，これを通じて国際取引を行うことによって，直接に取引した場合よりも税負担を不当に軽減・回避し，結果として本国での課税を免れる事態が生じる可能性があります（税負担の不当な軽減）。また，タックス・ヘイブンの子会社等に所得を留保し親会社への配当を行わないこととすれば，全世界所得課税方式を採用している本国での課税を延期し，あるいはこの留保所得を用いて外国への再投資等を繰り返すことにより，事実上課税を永遠に免れるということも可能となります（課税の繰延べ）[1]。

---

1) タックス・ヘイブンの具体的な活用方法としては，投資所得の受取り（持株会社，投資法人，無形資産の保有），事業所得の留保（販売・サービス，便宜置籍船，芸能法人），事業経費の留保（キャプティブ保険，オフショア金融）などがあります。

このようなタックス・ヘイブンなどを利用した租税回避行為に対処するため，各国は，これらの子会社等の所得に相当する金額について，内国法人等の所得とみなして，それを合算して課税する制度などを採用して，国際的な租税回避に対応しています。

　OECDでは，タックス・ヘイブンへの所得移転が，世界的な資本移動や経済活動に歪みをもたらす懸念があることなどから，早くからタックス・ヘイブンの問題について取り組んできました。

　特に，1998年の「有害な税の競争：グローバルな問題」報告書では，タックス・ヘイブンの識別要素として，①無税もしくは名目上の課税，②有効な情報交換の欠如，③透明性の欠如，④実質的な活動がないこと，の4つをあげています。また，「有害な税制」の判定要素として，①無税もしくは低税率，②国内市場からの遮断（リング・フェンシング），③透明性の欠如，④有効な情報交換の欠如，を定義して，これらに該当する優遇税制への対抗策などについての検討も行っています。

　OECDのタックス・ヘイブンの問題への取組みは，その後，情報交換の実施と透明性の確保の2つに重点が置かれ，2002年にはモデル情報交換協定（OECD Agreement on Exchange of Information on Tax Matters）を公表しています。これ以降，タックス・ヘイブンが，わが国を含めたOECD加盟国との間で，情報交換協定（TIEA: Tax Information Exchange Agreement）の締結に応ずる流れが加速し，現在の情報交換協定の進展に結びついています。

(2) 租税条約の不適切な利用（トリーティー・ショッピング）

　租税条約の特典の適用は，その締約した両国の居住者に限られ，第三国の企業などは，その適用を受けることはできません。しかしながら，第三国の企業などが，租税条約のいずれかの締約国にペーパー・カンパニーなどの実体のない子会社を設立して，この子会社を通じて，投資所得などについての課税の減免の適用を図るような取引を行う場合があります。このような，本来は，租税条約の特典を受けることのできない第三国の居住者が，租税条約

の特典を不正に享受するような行為は，トリーティー・ショッピングと呼ばれています。

代表的な例としては，中間介在法人，導管法人などと呼ばれる法人を用いて，租税条約の特典を享受するようなケースがあります。

このようなトリーティー・ショッピングを防止するために，一定の要件を満たした居住者のみに租税条約の特典を与える「特典制限条項（LOB：Limitation on Benefits）」や，取引の主要な目的の1つが，租税条約の特典を享受する場合にはその特典の適用を制限する「主要目的テスト（Principal Purpose Test）」などを租税条約に規定することなどの対応が図られています。

図表1-3　中間介在法人を用いたトリーティー・ショッピング

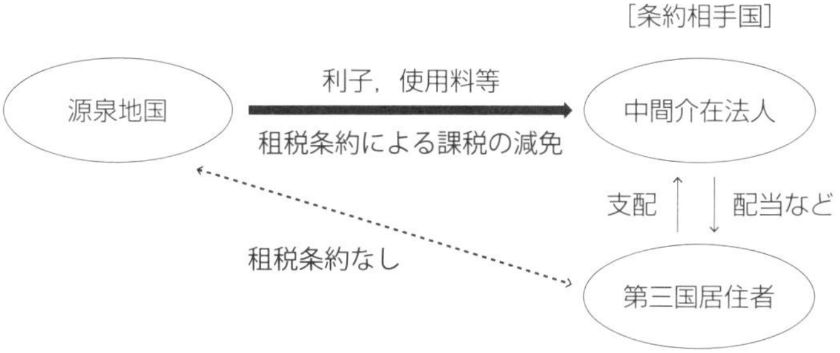

IV 国際租税制度の概要

1．国際租税法の法源

国際租税法は，所得税法，法人税法，租税特別措置法などの国内法の規定に加えて，国際的な二重課税の防止を主な目的として二国間で締結される租税条約などを法源としています。

(1) 国内法

　所得税法および法人税法では，国際的な二重課税の調整に関する規定（外国税額控除制度，外国子会社配当益金不算入制度），非居住者の納税義務（所法第3編），外国法人の法人税（法法第3編）などを規定しており，国際租税法の基本的な体系を定めています。

　また，租税特別措置法では，外国子会社合算税制，移転価格税制，過少資本税制などの国際的な租税回避防止措置を規定しています。

　租税条約等の実施に伴う所得税法，法人税法及び地方税法の特例等に関する法律（実特法）は，租税条約等を実施するために国内法との関係を明確化する規定を定めています。

(2) 租税条約

　租税条約は，一般には，所得に対する租税に関する二重課税の回避のために締結されるものを指しますが，この他に，相続税（遺産税）・贈与税に関する条約（アメリカとの間のみ），情報交換を主たる内容とする情報交換協定，多国間での租税に関する相互の行政支援（情報交換，徴収共助，送達共助）を規定する税務行政執行共助条約があります。

　わが国が締結する租税条約は，これまでは所得に対する租税に関する二国間条約が中心でしたが，近年は，情報交換協定に加えて，多国間条約である税務行政執行共助条約が締結され，租税条約の内容だけでなく，その形態も多様化してきています。

　また，所得に対する租税に関する条約についても，いわゆるタックス・ヘイブンや，租税制度が未整備と位置づけられてきた国などとの間では，これまでは租税条約は締結されてきませんでしたが，こうした国・地域との間での条約も締結されてきており，条約相手国も多様化してきているといえます。

　なお，OECDモデルについての解釈を示しているコメンタリーについては，最高裁は，条約法に関するウィーン条約32条にいう「解釈の補足的な手段」に該当し，条約の解釈にあたって参照されるべき資料と位置づけており，個々の条約の解釈にあたっても重要なものとされています（**グラクソ事件最**

高裁判決[2])。

2. 国際租税法の体系

　国際的な経済活動は，わが国の企業や居住者が海外に進出して行う対外取引（アウトバウンド取引）と，外国の企業や非居住者がわが国に進出して行う対内取引（インバウンド取引）の2つに大きく分けられます。

　国際租税法の体系も，こうしたアウトバウンドとインバウンドの双方向の取引を対象としていますが，国際租税法の主要な制度の体系としては，次の3つに大きく分けることができます。

　1つ目は，主にアウトバウンド取引に係る課税制度で，国際的な二重課税の調整を目的とする外国税額控除制度および外国子会社配当益金不算入制度，外国子会社合算税制，インバージョン対策合算税制などが該当します。

　2つ目は，アウトバウンド取引とインバウンド取引の双方に係る課税制度で，移転価格税制，過少資本税制，過大支払利子税制などが該当します。

　3つ目は，主にインバウンド取引に係る課税制度で，非居住者・外国法人課税制度などが該当します。

図表1-4　国際租税法の体系（イメージ）

租税条約	国内法	アウトバウンド取引	国際的な二重課税の排除（外国税額控除制度，外国子会社配当益金不算入制度） 外国子会社合算税制 インバージョン対策合算税制
			移転価格税制 過少資本税制 過大支払利子税制
		インバウンド取引	非居住者・外国法人課税制度

[2)] 最判平成21年10月29日民集63巻8号1881頁。

3. 国際租税法の沿革

国際租税法の基本的仕組みは，1962（昭和37）年度改正で，その原型が作られました。国内源泉所得の整備，事業所得に関する課税原則，外国税額控除制度の拡充など，アメリカをはじめ当時各国で採用されていた国際課税ルールを国内法に取り入れたもので，重要な改正と位置づけられています。

その後，わが国を取り巻く経済構造の変化や，OECDや諸外国の動向などを踏まえて，新たな制度の創設や制度の改正が行われてきていますが，近年は，重要な改正がほぼ毎年行われています。

図表1-5　国際租税法の主な改正

主な改正		OECDの動向など	
1953年	外国税額控除制度の導入		
1955年	日米租税条約の締結		
1962年	国内源泉所得の整備，事業所得に関する課税原則，間接外国税額控除制度の導入など	1963年	OECDモデル租税条約
1978年	タックス・ヘイブン対策税制（外国子会社合算税制）の導入	1979年	「移転価格と多国籍企業」報告書（1984，87年に続編）
1986年	移転価格税制の導入	1986年	［アメリカ：移転価格税制の強化：所得相応性基準の導入など］
1988年	外国税額控除制度の見直し		
1991年	移転価格税制の見直し		
1992年	過少資本税制の導入　タックス・ヘイブン対策税制の見直し（軽課税国指定制度の廃止など）	1992年	アメリカの移転価格課税強化への提言
		1993年	［アメリカ：移転価格税制：利益比準法の導入］
		1995年	移転価格ガイドライン（全面改訂）
		1998年	「有害な税の競争」報告書
		2002年	モデル情報交換協定
2003年	日米租税条約（全面改訂）		
2004年	移転価格税制の見直し（取引単位営業営業利益法の導入）		
2007年	インバージョン対策合算税制の導入		

2009年	外国子会社配当益金不算入制度の導入（間接外国税額控除の廃止）		
2010年	外国子会社合算税制の見直し（統括会社，資産性所得の導入など）	2010年	移転価格ガイドラインの改定（比較可能性，利益法，事業再編）「恒久的施設に帰属する利得」報告書
2011年	バミューダとの情報交換協定 税務行政執行共助条約の署名 移転価格税制の見直し（最も適切な方法の導入）		
2012年	過大支払利子税制の導入		
		2013年	税源浸食と利益移転（BEPS）行動計画
2014年	総合主義の帰属主義への変更		

出所：財務省資料をもとに作成。

[column 1] BEPS（税源浸食と利益移転）について

　近年，アップル，グーグル，アマゾン，スターバックスといった著名な多国籍企業による，国際課税制度の隙間やループホールを利用しての行き過ぎたタックス・プランニングが政治問題化し，OECDとG20が共同で，BEPS問題に対処するための検討が進められています。

　「BEPS行動計画」（2013年7月）では15の行動計画が策定され，その検討対象は広範多岐にわたっています。

内容	行動計画
一般	1：電子商取引課税 5：有害税制への対抗
特定の分野	2：ハイブリッド・ミスマッチの効果の無効化 3：外国子会社合算税制の強化 4：利子などの損金算入を通じた税源浸食の制限 6：租税条約濫用の防止 7：恒久的施設認定の人為的回避の防止
移転価格税制	8～10：移転価格分析の結論と経済活動が行われている場所との整合性確保 13：多国籍企業の企業情報の文書化
コンプライアンス	11：BEPSの規模や経済的効果の指標を政府からOECDに集約し，分析する方法を策定 12：タックス・プランニングの報告義務 14：相互協議の効果的実施
多国間の枠組み	15：多国間協定の開発

　BEPS問題の背景には，現在の国際租税法の基本的仕組みは，1920年代の国際連盟時代に国際的な二重課税の排除に重点を置いて形成されてきましたが，その後1世紀近くを経て，いわば制度疲労を起こしていることなどがあります。

　現在の検討では，二重非課税の防止，多国間の枠組み，多国籍企業の企業情報の文書化といった新機軸の考え方が打ち出されており，国際租税法の大きな転機となることが予想されています。

第2章

居住者・非居住者（内国法人・外国法人）の区分とソース・ルール

I 居住者・非居住者（内国法人・外国法人）の区分と課税対象所得の範囲

1. 納税者の区分と課税所得の範囲

　わが国の所得税, 法人税の課税においては, 個人の納税者は居住者・非居住者に, そして, 法人の納税者は内国法人・外国法人に区分した上で, その課税される所得の範囲が決められています。つまり, 所得税の場合, 納税者が居住者であれば, その課税を受ける所得の範囲は国内源泉所得に国外源泉所得を加えたもの, つまり全世界所得に及ぶのに対し, 非居住者の場合は課税を受ける所得は国内源泉所得に限られます。法人税の場合も納税者が内国法人であれば課税を受ける所得は全世界所得に及ぶのに対し, 外国法人は国内源泉所得に限定されます（所法7①一, 三, 法法5, 9①）。

　なお, 所得税の場合, 居住者はさらに狭義の居住者（永住者）と**非永住者**に区分され, 非永住者に該当する場合は課税される所得は国内源泉所得と国外源泉所得のうち国内で支払われるか, または国外から送金されるものに限定されます（所法7①二）。以上のような納税者の区分と課税所得の範囲をまとめたものが, 図表2-1です。

図表 2-1　個人納税者の区分と課税所得の範囲

納税者の区分		課税所得の範囲
居住者	○国内に住所を有する個人 ○現在まで引き続き1年以上居所を有する個人	○すべての所得（全世界所得）
	非永住者	○日本国籍を有しておらず，かつ，過去10年以内において国内に住所または居所を有していた期間の合計が5年以下である個人	○国内源泉所得 ○国外源泉所得（国内払い・国内送金分に限る）
非居住者	○居住者以外の個人	○国内源泉所得のみ

出所：財務省ホームページより。

2. 居住者・非居住者とは

①居住者・非居住者

　それでは，居住者（非永住者も含む）と非居住者とはどのような者をいうのでしょうか。所得税法では**居住者**について，わが国に住所を有するか，あるいは現在まで引き続いて1年以上居所を有する個人をいうとしています（所法2①三）。そして**非居住者**は，居住者以外の個人をいうということですので（所法2①五），まずは居住者となるのか否かの具体的な要件がきわめて重要となります。居住者であるための要件は国内に住所または1年以上継続して居所を有することですが，住所とは個人の生活の本拠をいい（民22），生活の本拠であるかどうかは，本人の主観的な意思ではなく，例えば職業，資産の所在，親族の居住状況といった客観的な事実により判定するものと解されています（所基通2-1）。ただ，これだけの規定では，国の内外にわたって経済活動を行っている日本人および外国人にとって，住所の判定は難しいところがあります。そこで，所得税法施行令では，国内に居住することとなった者が，次のいずれかに該当する場合は，その者は国内に住所を有する者と推定するという規定を設けています（所令14①）。①その者が国内において，継続して1年以上居住することを通常必要とする職業を有すること。②その

者が日本の国籍を有し，かつその者が国内において生計を一にする配偶者その他の親族を有することその他国内におけるその者の職業および資産の有無等の状況に照らし，その者が国内において継続して1年以上居住するものと推測するに足りる事実があること。また，同施行令は，国外に居住することとなった個人が，次のいずれかに該当する場合は，その者は国内に住所を有しない者と推定するとの規定も設けています（所令15①）。①その者が国外において，継続して1年以上居住することを通常必要とする職業を有すること。②その者が外国の国籍を有しまたは外国の法令によりその外国に永住する許可を受けており，かつ，その者が国内において生計を一にする配偶者その他の親族を有しないことその他国内におけるその者の職業および資産の有無等の状況に照らし，その者が再び国内に帰り，主として国内に居住するものと推測するに足りる事実がないこと。なお，この規定はあくまで推定規定ですので，個別の事例において納税者の側からこうした推定を覆すような事実や証拠の提示があれば，納税者の主張は認められる可能性があります。また，実際にはこの推定規定の文言だけでは居住者・非居住者の区分の判定が難しいケースもあり，その判断が裁判に持ち込まれた例もあります[1]。

②国家公務員，地方公務員の特例

　居住者・非居住者の判定の特例として，国家公務員または地方公務員の場合があります。すなわち，国家公務員または地方公務員については，国内に居住していなくても，国内に住所を有する者と見なされています（所法3①）。わが国国内に居住する外国の国家公務員，地方公務員が受け取る給与等は非課税となっており（所法9①八），この規定との見合いで外国に居住するわが国の国家公務員，地方公務員の給与等は外国政府から課税されないことが通例です。こうした国際慣行が根拠となって，国家公務員，地方公務員は居住の場所と関係なくわが国の居住者として課税を受けることになります。

---

1) 東京高判平成20年2月28日税資258号順号10904。

③非永住者

　わが国には，居住者の範疇には入るのですが，いずれ帰国する予定の外国人を対象とした非永住者という特別の区分があります。すなわち，居住者のうち，日本の国籍を有しておらず，かつ過去10年以内において国内に住所または居所を有していた期間の合計が5年以下である者がこれに該当し（所法2①四），図表2-1で示されているように，課税される所得の範囲において，本来の居住者と区別されています。

3. 内国法人・外国法人とは

　法人税法では，内国法人とは，国内に本店または主たる事務所を有する法人をいい，外国法人とは，内国法人以外の法人をいうと定義づけています（法法2三，四）。わが国のように法人の本店をどの国に置いているかにより，その法人の内外判定を行う考え方を**本店所在地主義**と呼びます。国によっては，法人の設立にあたり準拠した法がどこの国のものかにより内外判定を行う**設立準拠法主義**や，法人の実質的な管理の場所の所在により内外判定を行う**管理支配地主義**といった考え方を採用している国もあります。どの考え方が最も適切な判定基準であるかは，なかなか難しい問題です。つまり，形式を重視する本店所在地主義や設立準拠法主義は基準として明確である一方で，経済的な実質と乖離してしまうおそれがあるという欠点があり，逆に実質重視の管理支配地主義はより経済の実体を反映できる一方で，基準が不明確であるという欠点があるからです。この問題についてのわが国政府の立場は「国際的にみても，管理支配地主義を採用する国は少なくなっていること，いわゆるタックス・ヘイブンを利用した租税回避行為に対してはすでに所要の対策が講じられていること等を考慮すると，管理支配地主義を導入することについては慎重に考えることが適当である。」（政府税制調査会・法人課税小委員会報告，1996（平成8）年11月，72-73頁）というものです。

II ソース・ルール

1. ソース・ルールとは

　非居住者や外国法人は課税される所得の範囲が国内源泉所得に限定されますが，この国内源泉所得の範囲に係る租税法上の定めを，ソース・ルールといい，具体的には所得税法161条および法人税法138条において規定されています。ソース・ルールは上記のように非居住者・外国法人にとってきわめて重要な規定ですが，外国税額控除を適用する際の控除限度額の計算における国外所得の金額を確定するという点で居住者・内国法人にとっても重要な意味をもつ規定になっています。

(1) 包括（原則）規定

　ソース・ルールを定めた所得税法161条および法人税法138条は，その1号において，国内源泉所得を①国内において行う事業から生じる所得，②国内にある資産の運用，保有もしくは譲渡により生じる所得，③その他源泉が国内にある所得として政令で定めるもの，という3つの類型に区分して定義していますが，この1号の規定は条文上で「次号から第十二号までに該当するものを除く」としていることからわかるように(2)で触れる除外（個別）規定に該当する所得以外のすべての国内源泉所得をカバーする包括規定となっています。

①国内において行う事業から生じる所得とは

　いわゆる事業所得に区分される所得ですが，政令ではそれを以下のように7つの活動に細分し，国内源泉所得の範囲を定めています（所令279①一〜七，法令176①一〜七）。

- 棚卸資産の購入販売の場合であれば，その国内における譲渡により生じるすべての所得が国内源泉所得に該当します。したがって，国内で仕入

れても販売が国外なら国内源泉所得とはなりません。
- 棚卸資産の製造販売であれば，その譲渡により生じる所得のうちその非居住者・外国法人（以下「非居住者等」といいます）が行う当該譲渡または製造等に係る業務を国内業務と国外業務とに区分し，他の者が国外業務を行い，かつ，その他の者と非居住者等との間において通常の取引の条件に従ってその譲渡が行われたものとした場合にその国内業務につき生ずべき所得が国内源泉所得に該当します。
- 建設作業等の場合であれば，契約の締結，人員や資材の調達が国外であっても，作業の施行が国内であれば，その作業により生じるすべての所得が国内源泉所得に該当することになります。
- 国際運輸業で船舶による運送事業の場合は，乗船または船積みが国内であればその旅客，貨物収入が国内源泉所得に該当する基準となります。また，航空機の場合は，その国内業務に係る収入金額，必要経費等その国内業務がその運送の事業に係る所得の発生に寄与した程度を推測するに足りる要因を基準として判定した場合の，その非居住者等の国内業務につき生ずるべき所得が国内源泉所得に該当します。
- 保険業で非居住者等が国内および国外にわたって事業を行っている場合であれば，国内にある事業に係る営業所等を通じて締結したこれらの保険の契約に基因する所得が国内源泉所得に該当します。
- 出版・放送業で国内および国外にわたり他の者のために広告に係る事業を行う場合であれば，広告に係る事業により生じる所得のうち，国内において行われる広告に係る収入金額に基因する所得が国内源泉所得に該当します。
- その他の事業の場合であれば，その事業により生ずる所得のうち，その事業に係る業務を国内業務と国外業務に区分し，それぞれ独立の事業者が行い，かつ，これらの事業者の間において，通常の取引の条件に従って取引が行われたものとした場合に，その国内業務に係る収入金額，もしくは必要経費等その国内業務がその事業に係る所得の発生に寄与した程度を推測するに足りる要因を勘案して判定したその国内業務につき生

ずべき所得が国内源泉所得に該当します。

②国内にある資産の運用、保有もしくは譲渡により生じる所得とは

まず、国内にある資産の運用、保有により生じる所得は、次に掲げる資産およびこれに準ずるものの運用、保有により生ずる所得をいい、具体的には償還差益、利子、貸付料等がこれに該当します（所令280①、法令177①）。

- 公社債のうち、日本国の国債、地方債、内国法人の発行する債券つまり社債等
- 居住者に対する非業務用の貸付金債権
- 国内にある営業所等を通じて締結した生命保険契約に基づく保険金の支払いを受ける権利

ただ、国債、地方債、社債の利子については4号（本書では次の(2)⑤）にも規定があり、その場合は4号の規定が適用されることとなります。

また、国内にある資産の譲渡により生じる所得とは、所得税法施行令（所令280②）および法人税法施行令（法令177②）では13種類の資産を列挙し、それらが国内源泉所得に該当する場合を個別に明らかにするとともに、列挙された資産以外の資産（棚卸資産は事業から生じる所得に区分されるので、当然入りません。）については、契約その他に基づく引き渡しの義務が生じたときの直前において国内にある資産の譲渡が国内源泉所得となるとしています。なお、列挙された資産としては、鉱業権、漁業権、国債、地方債、社債等がありこれらの資産は、わが国の法律により権利が付与されている場合、あるいはわが国の政府機関や内国法人が発行している場合に国内源泉所得になります。また有価証券もあげられていますが、その場合はわが国国内の証券市場、営業所を通じて譲渡がなされているか、契約その他に基づく引き渡しの義務が生じたときの直前において、その証券が国内にあれば国内源泉所得となります。ただ、不動産関連法人の株式、事業譲渡類似株式、ゴルフ会員権関連の株式、預託金証書等の譲渡は証券が国外で譲渡されても国内源泉所得となります。

③その他源泉が国内にある所得として政令で定めるものとは，以下のような所得が該当します。（所令281，法令178）
- 国内において行う業務または国内にある資産に関し受ける保険金，損害賠償金等に係る所得。
- 国内にある資産の贈与を受けたことによる所得。
- 国内において発見された埋蔵物等に係る所得。
- 国内において行う懸賞募集に基づいて懸賞として受ける金品その他の経済的な利益に係る所得。
- その他の国内において行う業務または国内にある資産に関し供与を受ける経済的な利益に係る所得。

(2) 除外（個別）規定

所得税法ですと161条の1号の2から12号まで，法人税法ですと138条の2号から11号までの規定が，この除外（個別）規定に該当します。そして，例えば，利子を受け取るケースで4号（預金の利子等）あるいは6号（業務に関連した貸付金の利子）に該当すれば，これらの除外（個別）規定が優先して適用になり，そうでない場合（個人的な貸付により得る利子等）は1号の包括規定が適用されることとなります。除外規定の具体的な内容は以下のとおりであり，それぞれの類型ごとに国内源泉所得とはどのようなものをいうのかが明らかにされています。

① 1号の2（組合所得）（所得税法にのみ規定されています）

国内において民法上の任意組合契約（民667①）等に基づいて行う事業から生じる利益で，その組合契約等に基づいて支払を受ける利益の分配をいいます。

② 1号の3（土地等の譲渡所得）（所得税法にのみ規定されています）

国内にある，土地，土地の上に存する権利，建物等の譲渡による対価をいいます。

③2号（人的役務提供事業）

　国内において人的役務の提供を主たる内容とする事業で芸能人，職業運動家，弁護士，公認会計士等の役務提供事業を行う者が受ける人的役務提供の対価をいいます。この場合，支払いを受ける者は事業の主宰者であって，役務提供自体をする者ではないことに留意する必要があります。

④3号（不動産等の貸付所得）

　国内にある不動産，不動産の上に存する権利等，または居住者や内国法人に対する船舶・航空機の貸付による対価をいいます。

⑤4号（利子所得）

　利子等のうち，日本国の国債・地方債，内国法人の発行する債券の利子，国内の営業所，事務所等に預け入れられた預貯金の利子等をいいます。

⑥5号（配当所得）

　配当等のうち，内国法人から受ける剰余金，利益の配当等をいいます。

⑦6号（業務に係る貸付金の利子）

　国内において業務を行う者に対する貸付金でその業務に係るものをいいます。

⑧7号（使用料等）

　国内において業務を行う者から受ける工業所有権や著作権等の使用料またはその譲渡対価，さらには機械，装置等の使用料をいいます。

⑨8号（給与，年金，退職金）（法人税法にはありません）

　給与，賞与またはこれらの性質を有するその他の人的役務提供に対する報酬のうち国内において行う勤務その他の人的役務に基因するものをいいます。なお，内国法人の役員の場合は国外勤務に基因する報酬も国内源泉所得とな

ります。

次に、年金ですが、わが国の法令に基づき支給される公的年金等をいいます。

また、退職金については、支給額のうち、その支払いを受ける者が、居住者であった期間に行った勤務に基因する部分のみが該当することになります。ただ、退職金のうち、役員の国外勤務の期間に基因する部分は役員報酬と同様に国内源泉所得となります。

⑩ 9号（賞金等）（法人税法では8号になります）

国内において行う事業の広告宣伝のための賞金をいいます。

⑪ 10号（保険年金等）（法人税法では9号になります）

国内にある営業所等を通じて締結した生命保険契約等に基づいて受ける年金をいいます。

⑫ 11号（給付補てん金等）（法人税法では10号になります）

国内にある営業所等が受け入れた定期積立金の給付補てん金、抵当証券の利息、短期の一時払い養老保険等に基づく差益等の金融類似商品に係る給付補てん金をいいます。

⑬ 12号（匿名組合分配金）（法人税法では11号になります）

国内において事業を行う者に対する出資につき、匿名組合契約に基づいて受ける利益の分配をいいます。

(3) 条約との関係

これまでの説明してきたソース・ルールは所得税法、法人税法といった国内法において規定されているものですが、ソース・ルールは租税条約においても規定されており、その内容は国内法とは必ずしも一致していません。例えば、日米租税条約7条では「利子は、その支払者が一方の締約国の居住者

である場合には，当該一方の締約国内において生じたものとされる。」としており，利子の支払者の居住地国が源泉地国になるとしています。このように，利子を支払う債務者の居住地を基準にして利子の源泉地を決定する考え方を**債務者主義**と呼びます。これに対し，わが国の国内法では（2）⑦で明らかにしたように源泉地は「業務を行う者」の居住地国ということになっており，貸し付けを受けた資金を使用し業務を行う者の所在地により判断することから**使用地主義**と呼ばれる立場に立っています。このように国内法と条約との間でソース・ルールに食い違いが生じた場合を想定し，国内法（所法162および法法139）では「条約において国内源泉所得につき異なる定めがある場合には，その条約に定めるところによる。」と規定し，条約の規定が優先的に適用されることを明示しています。

2. 非居住者・外国法人に対する課税

非居住者・外国法人に対する課税の範囲は国内源泉所得に限定されますが，その課税の方式は，非居住者・外国法人が国内に恒久的施設を有しているるか否かで異なってきます。したがって，非居住者・外国法人にとって恒久的施設の存否の認定はきわめて重要な意味をもちます。

(1) 恒久的施設（PE）

恒久的施設とは，英文では Permanent Establishment（以下「PE」といいます。）と呼ばれ，広く一般的には「事業を行う一定の場所」（OECD5）と定義づけられています。わが国の国内法ではPEの内容につき，以下のように3つに類型化して規定しています（所法164①，法法141）。

① 1号PE（支店等）

非居住者・外国法人が国内において，支店，工場その他事業を行う一定の場所を有する場合のその場所をいいます。この1号PEには出張所，事務所，倉庫業者が事業の用に供する倉庫，鉱山等の天然資源を採取する場所，農園，養殖場，貸しビル等，さらには展示販売場までも含まれていますが（所

基通164-3，法基通20-2-1），資産の購入や保管のためにのみ使用される一定の場所や広告，宣伝等の補助的機能のためにのみ使用される一定の場所は含まれないこととなっています。つまり，一定の固定的な場所が存在するだけでなく，その場所に事業の実施という機能が与えられていることが1号PE該当の要件となっています（所令289，法令185）。

②2号PE（一定の期間を超える建設作業等）
　非居住者・外国法人が国内において行う，建設，据付，組立て，その他の作業またはその作業の指揮監督の役務の提供（これらを一括して建設作業等と呼びます。）が1年を超える場合のその作業等の場所をいいます。2号PEおよび次の3号PEは国内に支店等の一定の場所が存在しない場合でもPEが認定されるケースを規定しています。

③3号PE（代理人）
　非居住者・外国法人が国内に自己のために契約を締結する権限のある者，その他これに準ずる権限を有する代理人を置く場合のその代理人をいいます。この場合，代理人の契約締結は常習的なものでなければならず，非居住者・外国法人が資産を購入するために締結する契約の場合は除かれます。また，代理人が契約に係る業務を独立して行っている場合や，その業務が代理人の通常行う業務である場合（こうした代理人を独立代理人と呼びます。）には3号PEには該当しません。非居住者・外国法人は代理人を通じて，わが国の国内に支店等を設けた場合と同様の事業展開が可能となることに着目した規定ということができます（所令290，法令186）。

(2)　総合課税と源泉徴収（法人税法と所得税法の適用局面）
　それでは，PEの有無が非居住者・外国法人の課税方式にどのような差異をもたらすことになるのでしょうか。この問題を考える際には次に掲げる図表2-2，図表2-3が参考となります。いずれの図表も所得税基本通達（所基通164-1）および法人税基本通達（法基通20-2-12）に掲載されているもの

ですが，国税庁の発行する源泉徴収の手引き書等にも引用されており，国内源泉所得の種類と恒久的施設の有無による非居住者・外国法人の区分ごとに課税の方式がどのようになっているかを一覧できる大変便利な図表です。

①総合課税

　まず，非居住者に対する課税関係を明らかにしている図表2-2を見てみましょう。この表を縦に見ると，所得税法161条の規定に従い，国内源泉所得が16の類型に区分されています。すなわち，包括（原則）規定である1号所得に区分される，事業の所得，資産の所得およびその他の国内源泉所得（1.(1)参照）から始まり，除外（個別）規定となる1号の2（組合所得）〜12号（匿名組合分配金）が列挙されています。また，この表を横に見ると，所得税法164条の規定に従って非居住者の区分がなされています，すなわち，PEが存在する非居住者の場合は，その種類（1号PE〜3号PE）ごとに区分され，さらには恒久的施設のない非居住者の欄があります。

　そして，この表を見ると，非居住者に対する課税の方式が非居住者の区分および所得の種類ごとにどのように変わっていくのかが明らかになります。まず非居住者がPEを有する場合，それも支店等の1号PEの場合ですが，すべての種類の所得について**総合課税**の対象となります。したがって，当該非居住者はこれらの所得を合算して，確定申告を行う必要があります。

　次に非居住者がPEを有する場合で，それが2号PE（一定の期間を超える建設作業等）あるいは3号PE（代理人）の場合ですが，その場合は1号から3号までの国内源泉所得と4号から12号までの国内源泉所得のうち建設作業等に係る事業あるいは代理人を通じて行う事業に帰されるものが総合課税の対象となります。したがって，非居住者が国内にある不動産を賃貸して得た所得は総合課税の対象となりますが，非居住者がPEを通じないで直接，利子あるいは配当の支払いを受けるような場合は，これらの所得は合算して確定申告する必要はないことになります。

　最後に，非居住者が恒久的施設を有しない場合ですが，その場合は総合課税の対象となるのは，1号のうち「国内にある資産の運用，保有，もしくは

図表2-2 非居住者に対する課税関係の概要

非居住者の区分 (所法164①) 所得の種類 (所法161)	国内に恒久的施設を有する者		国内に恒久的施設を有しない者 (所法164①四)	源泉徴収 (所法212①,213①)
	支店その他事業を行う一定の場所を有する者 (所法164①一)	1年を超える建設作業等を行い又は一定の要件を備える代理人等を有する者 (所法164①二,三)		
事業の所得 (所法161 一)	【総合課税】 (所法164①一)	【総合課税】 (所法164①二,三)	【非課税】	無
資産の所得 (〃 一)			【総合課税】 (所法164①四)	無
その他の国内源泉所得 (〃 一)				無
組合契約事業利益の配分 (〃 一の二)	【源泉徴収の上総合課税】 (所法164①一)	【源泉徴収の上総合課税】 (所法164①二,三)	【非課税】	20%
土地等の譲渡対価 (〃 一の三)			【源泉徴収の上総合課税】 (所法164①四)	10%
人的役務の提供事業の対価 (〃 二)				20%
不動産の賃貸料等 (〃 三)				20%
利子等 (〃 四)	【源泉徴収の上総合課税】	国内事業に帰せられるもの	【源泉分離課税】	15%
配当等 (〃 五)				20%
貸付金利子 (〃 六)				20%
使用料等 (〃 七)				20%
給与その他人的役務の提供に対する報酬,公的年金等,退職手当等 (〃 八)			国内事業に帰せられないもの	20%
事業の公告宣伝のための賞金 (〃 九)				20%
生命保険契約に基づく年金等 (〃 十)				20%
定期積金の給付補塡金等 (〃 十一)				15%
匿名組合契約等に基づく利益の分配 (〃 十二)	(所法164①一)	(所法164①二,三)	(所法164②一) (所法164①四)	20%

■の部分が申告による総合課税の対象となります。
出所:所得税基本通達164-1より一部修正。

譲渡により生じる所得」と「その他源泉が国内にある所得として政令で定めるもの」, 1号の3所得（土地等の譲渡対価）, 2号所得（人的役務の提供事業の対価）, 3号所得（不動産の賃貸料等）に限定されます。ここで, 注目してほしいのは1号所得のうち事業の所得が非課税となっていることです。このような非課税ルールを「PEなければ課税なし」の原則と呼んでおり, 広く国際的に確立された課税原則となっています。事業の所得の算定には実額による収支計算が前提となっており, そうした計算が可能となるような物理的, 機能的な一定の拠点（すなわちPE）の存在が不可欠であることがこうした課税原則の根拠となっているものと思われます。

②源泉徴収と分離課税

そして1号の3, 2号, 3号の所得はPEの有無と関係なく, 源泉徴収の上総合課税となっています（1号の2の場合PEがない場合は非課税）。

さらに, 4号～12号の所得についても, PEが1号PEである場合, 2号PEあるいは3号PEで, その所得がそれらのPEが行う国内事業に帰せられる場合も課税の方式は源泉徴収の上総合課税になります。

一方で, PEはあってもそれが2号PEあるいは3号PEで, しかもその所得がそれらのPEが行う国内事業に帰せられない場合あるいはそもそもPEのない場合には, 課税方式は源泉分離課税となるとされています。

このように非居住者に対する源泉徴収の方式は「源泉徴収の上, 総合課税」と「源泉分離課税」に大別されますが, 前者の方式では源泉徴収はあくまでも暫定的な納付であって, 最終的には確定申告による総合課税で清算されます。したがって, 非居住者がPEを有しており, 確定申告を行っている場合, その者が受ける一定の国内源泉所得については, 税務署長から受けた所定の証明書を支払い者に提示することで, 源泉徴収を受けずに済ませることもできます（所法214）。

一方で後者の方式では源泉徴収による納付があれば, 確定申告書の提出は必要なく, 課税関係は終了します。

③外国法人の場合

　外国法人に対する課税関係を整理した表が図表2-3です。個人である非居住者の課税関係を整理した図表2-2と比較してみると，横の欄，すなわち恒久的施設の有無および存在する場合の種類ごとの区分は同一になっていますが，縦の欄，すなわち所得の種類は14種類と若干簡略となっています。これは，非居住者の場合にあった1号の2（組合所得），1号の3（土地等の譲渡所得）という類型の所得が，外国法人の場合はいずれも包括規定である法人税法138条1号の規定（図表2-3では上から4番目までの所得）に包含されていることと，その性格上，個人固有の類型である8号（給与，年金，退職金）に相当するものが外国法人の場合は存在しないことによるものです。

　そして，課税の方式ですが，これは非居住者の場合と同様に，外国法人の所得の種類と恒久的施設の有無によって異なることとなります。ただ，ここで注目してほしいことは，図表2-3の■印の部分が法人税の課税範囲であると記されていることです。また，一番右の欄には所得税の源泉徴収という欄があり，法法138条2号以下に区分される所得はすべて所得税の源泉徴収の対象となっていることです。このように，外国法人に対しては，法人税と所得税の2つの税目が課税されることとなります。つまり，法人税の課税の根拠である法人税法では，外国法人を「1号PEを有する外国法人」，「2号あるいは3号PEを有する外国法人」および「国内にPEを有しない外国法人」に区分し，その区分ごとに国内源泉所得を課税できる範囲を定め（図表2-3の■印参照），申告納税の方法により法人税を課すこととしています（法法138，法141）。一方で所得税法においては，一定の国内源泉所得（図表2-3，一番右の欄参照）について，その支払者に所得税の源泉徴収義務を課しています（所法161，212）。その結果，一定の国内源泉所得については，所得税の源泉徴収がなされた上で，申告納税による法人税が課されることになります。なお，その場合，所得税額は法人税額から税額控除されます。

　また，所得税の源泉徴収が行われる国内源泉所得で，法人税の課税の対象とならない国内源泉所得については，所得税の源泉徴収により課税関係が終

図表2-3 外国人に対する課税関係の概要

所得の種類 （法法138）	外国法人の区分 （法法141）		国内に恒久的施設を有する者	国内に恒久的施設を有しない法人 （法法141四）	源泉徴収 （所法212①、213①）
		支店その他事業を行う一定の場所を有する法人 （法法141一）	1年を超える建設作業等を行い又は一定の要件を備える代理人等を有する法人 （法法141二、三）		
事業の所得　（法法138一）		■	■	【非課税】	無
資産の運用又は保有による所得 （ 〃 一）		■	■		無
資産の譲渡による所得 （ 〃 一）		■	■	不動産の譲渡による所得及び法令187①一～五に掲げる所得【源泉分離課税】	無
その他の国内源泉所得 （ 〃 一）		■	■		無
人的役務の提供事業の対価 （ 〃 二）		■	■	【源泉分離課税】	20%
不動産の賃貸料等　（ 〃 三）		■	■		20%
利子等　（ 〃 四）		■	国内事業に帰せられるもの		15%
配当等　（ 〃 五）		■			20%
貸付金利子　（ 〃 六）		■			20%
使用料等　（ 〃 七）		■			20%
事業の公告宣伝のための賞金 （ 〃 八）		■			20%
生命保険契約に基づく年金等 （ 〃 九）		■			20%
定期積金の給付補塡金等 （ 〃 十）		■			15%
匿名組合契約等に基づく利益の分配 （ 〃 十一）		■			20%

■印の部分が法人税の課税の対象となります。
出所：法人税基本通達20-2-12より作成。

了することとなります(図表2-3 源泉分離課税の欄参照)。

(3) 総合主義から帰属主義に
①改正の経緯と期待される効果
　(2)で触れてきたように,現在施行されている国内法の規定では,非居住者,外国法人が国内に支店等の1号PEを有する場合は,すべての国内源泉所得を対象に総合課税を行うこととしています。このように,当該所得のPEへの帰属の有無を問わず課税する方式を**総合主義**(entire income principle)と呼んでいます。
　これに対し,2号PEや3号PEを有する非居住者,外国法人の場合は総合課税の対象となるのは,国内源泉所得のうちPEに帰せられるものに限定されます。また,わが国が締結している租税条約では,非居住者,外国法人の「企業の利得」に課税できる範囲をPEに帰せられる部分に限定しています(具体例として日米7①)。このように,当該所得がPEに帰属している場合のみ課税の対象とする方式を**帰属主義**(attributable income principle)と呼んでいます。
　ところで,わが国が締結した多くの租税条約が帰属主義を採用している理由は,OECDモデルが帰属主義の立場をとっていることがありますが,そのモデル条約の事業所得条項である7条が2010年に大幅に改正されました。その内容はPEを子会社と同様に独立した課税主体と認識するもので,それにより,支店等のPEと本店との間の内部取引を認識するとともに,PEに帰属する所得を内部取引が独立企業間価格で行われたものとして計算するというものでした(AOA:Authorized OECD Approachと呼ばれており,本書では以下「AOAルール」といいます。)。OECDにおけるこうした動きを受け,わが国においても,国内法における総合主義を見直す機運が高まり,2014(平成26)年度税制改正により,国内法も帰属主義に改正されることとなりました。ただ,改正に伴う準備作業を勘案して,法人の場合は2016(平成28)年4月以降開始事業年度より,また個人については2017(平成29)年分以後,その適用が開始されることになります。

この改正により，条約と国内法が帰属主義に統一され，租税条約の締結の有無により課税上の取り扱いが異なることになる事態は解消されるとともに，OECDのAOAルールを導入することで，わが国に進出してくる場合の支店形態と子会社形態の間の差異を解消することが期待されています。さらにAOAルールは，今後の国際課税の世界における国際標準ともいうべきものでありますので，各国がその導入を図ることで，これまで存在してきた国際的な二重課税，あるいは二重非課税といった事態も解消の方向に向かうものと思われます。

②新制度の内容・その1（帰属主義へのシフト）

今回の改正は，総合主義から帰属主義へのシフトとOECDのAOAルールの導入という2段階の改正内容により構成されていますが，帰属主義へのシフトの主要な内容は以下のようなものです。

- 国内源泉所得の範囲（地理的帰属による一元的な把握から，人的帰属と地理的帰属の二元化へ。）

従来，わが国が非居住者，外国法人に対する課税方式として採用してきた総合主義は所得のPEへの帰属の有無は問わずに，所得がどこで獲得されたかに着目したものでした（地理的帰属）。したがって，棚卸資産の販売という行為が国内で行われていれば，稼得の主体が誰であろうと，それは国内源泉所得となりました（21頁①参照）。

これに対し帰属主義では，PEが得た所得かどうかを重視しています。つまり，どこでではなく，誰が稼得したかで，国内源泉所得に該当するか否かが決まることになります（人的帰属）[2]。

こうしたことから，総合主義のもとでは国内源泉所得とならなかったPEが第三国から得るような所得もPE帰属所得としてわが国の国内源泉所得となり申告課税対象となりました。一方で，非居住者・外国法人の本店がPE

---

[2] 安河内誠・山田博志「平成26年度の国際課税（含む政省令事項）に関する改正について」租税研究，8月号，2014年，76頁。

を介さずに直接，わが国国内で稼得した所得については，PEが稼いだPEに帰属する所得でないため，申告課税の対象外となりました。その結果，PE非帰属の利子や配当を申告による法人課税の対象とすることの根拠となってきた法人税法138条4号～11号の規定は削除されることとなりました（新法法138①）（図表2-4）。

ただ，外国法人による国内に所在する不動産の譲渡や貸付により発生する所得のように，財産が国内にあって源泉地に帰属することが明確な類型の所得は従来どおりの地理的帰属により判定することとなっており，PEの有無と関係なく法人税の申告対象となっています（新法法138①二～六）。

また，上記のようにPE非帰属の利子や配当は，法人税では申告所得の対

図表2-4　総合主義と帰属主義の違い
～外国企業が日本に支店を持つ場合の課税関係～

総合主義【現行】
（日本で発生したすべての所得に法人課税）

帰属主義【見直し後】
（支店に帰属する所得のみ法人課税）

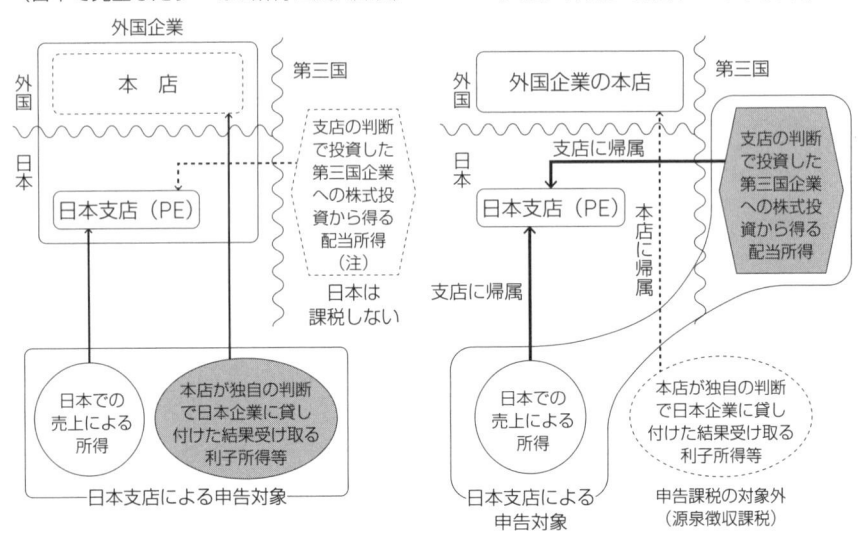

注：日本支店が行う国外投融資で第三国において課税されているもの
出所：財務省ホームページより。

象外とはなるものの，所得税については国内源泉所得として源泉徴収の対象となります。つまり，改正法においても**源泉分離課税**の対象であった所得税法161条4号～12号の類型の所得に関する国内源泉所得の判定はその発生場所によることとなっており，従来どおりの地理的帰属という立場は維持されています（新所法 161 ①八～十六）。

つまり，従来の総合主義のもとでは，ソース・ルールはすべての国内源泉所得を網羅した一号の包括（原則）規定とその中から源泉徴収の対象となるものを除外（個別）規定として別記するという規定ぶりとなっていて，国内源泉所得の判定は地理的帰属を前提とした一元的な構造でした。これに対し帰属主義による新たなルールでは，PE帰属所得に係る所得は人的帰属により判定し，それ以外の不動産の保有や譲渡に係る所得のように源泉地への帰属が明確な所得や利子・配当等の投資所得等は地理的帰属により判定するという二元的な構造に変わったものと見ることもできます。この場合，所得によっては，人的帰属からPE帰属所得となるとともに，地理的帰属からその他の国内源泉所得にも該当するという，該当性の重複が起こり得ますが，ソース・ルールの段階では重複を排除せずに，課税標準の計算の段階で，その他の国内源泉所得からPE帰属所得を除く，つまり重複の場合はPE帰属所得を優先することとしています（新法法 141 ①，新所法 164 ①）。

なお，PEが第三国から得るような所得もPE帰属所得であれば，国内源泉所得に該当することとなりましたが，その場合，当該第三国でも課税されることが想定され，二重課税という事態の発生も見込まれます。そこで，従来は居住者・内国法人にのみ認められてきた外国税額控除制度を非居住者・外国法人のPEにも認めることとしました（新法法 142 の 2，新所法 165 の 6）。

以上のような新制度とこれまでの制度を法人の場合を例にとって比較対照したものが図表2-5となります。

図表2-5　総合主義（全所得主義）と帰属主義の課税方式の違い（所得の種類別）

【総合主義】(注1)

内外区分（法法138）		PE あり (法法141一)	PE なし (法法141四)
	所得区分		
国内源泉所得	国内事業所得	すべての国内源泉所得を対象にネット所得課税 （一部源泉徴収＋申告）	課税対象外
	国内資産の運用・保有		課税（申告）
	国内資産の譲渡		課税対象外
			一部課税(注2)（申告）
	国内不動産の譲渡・賃貸		課税（源泉徴収＋申告）
	利子・配当・使用料等		課税（源泉徴収）
国内源泉所得以外の所得		課税対象外（法法4③）	

【帰属主義】(注1)

内外区分（法法138）		PE あり		PE なし
	所得区分	PE 帰属	PE 非帰属	
国内源泉所得	国内事業所得	PE帰属所得を対象にネット所得課税（一部源泉徴収＋申告）（国内事業所得）		課税対象外
	国内資産の運用・保有			課税（申告）
	国内資産の譲渡			(注5) 課税対象外
				一部課税(注2)（申告）
	国内不動産の譲渡・賃貸			課税（源泉徴収＋申告）
	利子・配当・使用料等			課税（源泉徴収）
国内源泉所得以外の所得		(注3・注4)		課税対象外

(注1) 総合主義はわが国の現行国内法，帰属主義は一般的な帰属主義のイメージ
(注2) 事業譲渡類似株式の譲渡益等
(注3) PE帰属所得は国内源泉所得とされる。
(注4) PEが有する外国債券につき支払を受ける利子等
(注5) 外国法人の本店が日本の証券市場において譲渡した有価証券の譲渡益等
出所：財務省作成資料より一部修正。

③新制度の内容・その2（OECDのAOAルールの導入）

　OECDのAOAルールとは，外国法人・非居住者の支店等のPEを独立した事業体と擬制し，当該PEに帰属する所得を算定するというものですが，具体的には以下のようなステップを踏むことにより算定がなされることにな

ります。まず，PEが行う外部取引，PEに帰属する資産，機能・リスクおよび資本相当額を確認するとともに，PEと本店間の内部取引を認識します（第一ステップ）（新法法138②，新所法161②）。そして，認識した内部取引の取引価格に移転価格税制を適用し，その取引価格が独立企業間価格で行われたものに是正することで，PEに帰属する所得を計算します（第二ステップ）。

　PE帰属所得の算定にあたっては，PEの果たす機能や負担するリスクについての分析，さらには内部取引の認識が必要になりますが，そうした事実の存在を証明する資料については，対象が内部取引であったりするため存在しないことも多くあり，新たに所要の書類を文書として作成することが義務づけられることとなりました（新法法146の2，新所法166の2）。具体的には，分離・独立した企業としての支店（PE）が果たしている役割・機能を記した書類や子会社であれば必要となっていたであろう契約書・領収書等についてその作成が必要となりますが，本店とPE間の内部取引については，第三者間で取り交わされるものと同様の内容を具備した新たな契約書類似の書類を作成することまでが求められています。

　そして，第二ステップの移転価格税制の適用ですが，外国法人・非居住者（移転価格税制では適用のなかった個人もこの場合は適用対象となります。）（新措法40の3の3）の本店とPEとの間の内部取引の対価の額が独立企業間価格と異なることにより，その外国法人のその事業年度の所得の金額の計算上益金の額に算入すべき金額が過少となるとき，または損金の額に算入すべき金額が過大となるときは，その内部取引は独立企業間価格によることになります（新措法66の4の3①，新措法40の3の3）。なお，PEから本店等に寄附金に相当する内部取引が行われた場合には移転価格税制における国外関連者に対する寄附金と同様，全額損金不算入となります（新措法66の4の3③）。

④新制度の内容・その3（国外源泉所得の範囲）

　ソース・ルールには非居住者・外国法人の課税される所得の範囲を確定させるだけでなく，居住者・内国法人が外国税額控除の適用を受ける際の控除限度額の計算における国外所得金額を確定させる役割もありました。

したがって，今回の総合主義から帰属主義への改正は居住者・内国法人の課税関係にも影響を及ぼすこととなりました。
　まず，従来の国外所得金額の定義では「国内源泉所得以外の所得（国外源泉所得）」という消極的な定義でしたが，これは前述のように国内源泉所得が地理的帰属に一元化されていたことの当然の帰結といえます。しかしながら，帰属主義への変更は事業については地理的帰属ではなく人的帰属により内外判定を行うというものでしたので，国外源泉所得のうち事業に係る部分は内国法人が外国に有するPEに帰せらる所得（**国外事業所等帰属所得**）をいうこととなりました。そして，ここでもAOAルールが適用となり，内国法人の国外事業所等も内国法人とは独立した事業者と擬制されることとなりました（新法法69④一，⑥，新所法95④一，⑥）。その結果として，内部取引で国外事業所等が得る所得および国外事業所等が日本国内で得た事業所得も国外源泉所得に加わることとなりました。その場合，当該国外事業所等は国外事業所等帰属外部取引および本店等との内部取引につき所要の事項を記載した文書の作成が必要となります（新法法69⑲，⑳，新所法95⑬，⑭）。

　また，不動産の保有や譲渡に係る所得のように源泉地への帰属が明確な所得や利子・配当のような投資所得等は国外源泉所得についても従来どおり地理的帰属により判定（36～37頁参照）されることになりますが，上記のように事業による所得に係る国外源泉所得の範囲が限定されることとなった結果として，国内源泉所得以外の所得という包括的規定によりカバーするのではなく，法人税法および所得税法上で逐一明記されることとなりました（新法法69④二～十六，新所法95④二～十七）。

　さらに，国外事業所等を通じて行う事業から得られる所得ではなく，しかも上記の不動産の譲渡所得のように地理的帰属で国外判定がなされる所得でもない類型の所得，例えば，内国法人が国外事業所等と関係なく外国の証券市場で有価証券を売却した場合の売却益等（法令177②一～三，七～十二および十四に該当する所得）は，これまで国外源泉所得として分類されていましたが，改正後は国外源泉所得にも国内源泉所得にも該当しないこととなりました。

[column 2] 恒久的施設（PE）とは

　非居住者や外国法人がわが国の国内で事業活動を展開している場合，恒久的施設（以下「PE」といいます。）の存否は課税関係が生じるか否かの分かれ目でもあり，大変重要な意味をもちます。しかしながら，その具体的な範囲については，源泉地国となることの多い新興国，発展途上国と居住地国となることの多い先進国との立場の違いもあって，まちまちになっています。

　先進国の立場を代表しているとされる，OECD モデルでは，PE の定義について，1．事業を行う一定の場所，2．建築工事現場または建設工事もしくは据付工事で 12 ヶ月を超える期間存続するもの，3．従属代理人の 3 つに区分し，さらに事業を行う一定の場所には，①事業の管理の場所，②支店，③事務所，④工場，⑤作業所，⑥鉱山，石油または天然ガスの坑井，採石場その他天然資源を採取する場所を含むとしています（OECD5 ①，②）。

　一方で，新興国，発展途上国の立場をより強く反映しているとされる国連モデルでは PE の定義はより幅広いものとなっており，建築工事現場等は 6 ヶ月を超えて存続すれば PE と認定されるほか，源泉地国での工事に係るコンサルタント等役務の提供が 1 年の間で 6 ヶ月を超えるような場合も PE と認定されることになっています（国連 5 ①，②，③）。

　ちなみに，わが国の場合の PE は 2 (1) に記載されたとおりですが，おおむね OECD モデルの内容と同一となっており，相違点は OECD モデルでは対象とならない在庫保有引渡代理人（外国法人のために顧客の通常の注文に応ずる程度の数量を保管し，かつ，当該資産を顧客の注文に応じ引き渡す者）および注文取得代理人（専らまたは主として外国法人のために常習的にその事業に関し契約を締結するための注文の取得，協議その他の行為のうちの重要な部分をする者）が国内法には含まれているところです（法令 186 二，三）。

　ただ，こうした従来からの伝統的な PE の定義は近年になって，大幅な修正を迫られつつあります。というのは，情報化社会の到来，とりわけインターネットの普及により急拡大している電子商取引については，事業を行う一定の場所を通じた事業展開が必ずしも必要でないため，源泉地国は PE という課税の手懸かりを失ってしまうという事態の発生が考えられるからです。このため，

OECD では 1990 年代から電子商取引における PE 概念につき検討を重ねてきました。その結果，2003 年には OECD モデル 5 条に関するコメンタリーの改訂を行いその中ではウェブ・サイトはそれ自体では PE にならず，またインターネット・サービス・プロバイダーも一般的には代理人 PE に該当することはないとしつつも，サーバーについては事業の中核的機能が行われている場合は，PE になりうるとしています[3]。ただ，この見解に対しては，サーバーが移動可能であり電子商取引の利用者が所在する源泉地国内に必ずしも存在せず，そうであればやはり源泉地国での課税は困難となるという問題が指摘されており，電子商取引における PE 概念のあり方には依然としてまだ多くの課題が残されています。現在 OECD においては，BEPS プロジェクトの行動計画 1 として引き続き検討が重ねられており，電子商取引分野で既存の PE 概念を拡大していく等のさまざまな提言がなされています[4]。

---

[3] OECD コメンタリー 5，42．1〜42．10（川端康之監訳「OECD モデル租税条約 2010 年版」日本租税研究協会，2011 年，106-108 頁。
[4] 浅川雅嗣「OECD における BEPS と自動的情報交換への取り組み」租税研究，4 月号，2015 年，85，86，104 頁。

第3章

租税条約

I 租税条約とは何か

1. 租税条約とは何か

　条約とは，国と国との取り決めを文書の形で表したものとされます。条約についての国際的な合意である条約法に関するウィーン条約では，「国の間において文書の形式により締結され，国際法によって規律される国際的な合意（単一の文書によるものであるか関連する2以上の文書によるものであるかを問わず，また，名称のいかんを問わない。）をいう。」とされています（2①a）。したがって，「議定書」や「交換公文」といわれるものも条約とされます。

　国内法との関係ですが，日本国憲法では，第98条2項で「日本国が締結した条約及び確立された国際法規は，これを誠実に遵守することを必要とする。」と定めていることから，わが国が締結した条約は国内においても効力を有し，国内法に優先します。しかしながら，条約が何らかの国内法を要しないで直接適用されるとは限りません。法律は，国民の権利や義務について何らかの定めを置くものですから，条約の規定が明確であり，法としての規範として用いることができる場合には直接適用できるとされています。

租税条約とは，「我が国が締結した所得に対する租税に関する二重課税の回避又は脱税の防止のための条約をいう。」（実特法2一）とされており，国家間で締結された租税に関する取り決めを内容とする条約です。

2. 租税条約の目的

(1) 租税条約の締結状況
　わが国は，2015年6月1日現在，90の国・地域との間で64の条約を締結しています。国数と条約数とが一致しないのは，旧ソ連との条約の複数国への継承などがあるためです。

　90の国・地域を国別に見てみると，北米が2か国，欧州が36か国，東南アジアが11か国，中南米が10か国などとなっていますが，アフリカでは5国にとどまっています。これは，日本と相手国との関係や経済的な結びつきに差が見られるためと考えられます。

　わが国が締結した最初の租税条約は，1955年4月に発効した日米租税条約です。サンフランシスコ講和条約の発効した1952年4月からわずか3年後のことです。当時の日本は，戦後復興のための外資導入の必要性に迫られていたこともあり，アメリカからの対日投資を促進するためにも，課税関係を明確にすべく租税条約の締結が急がれていたと考えられます。

(2) 国際的二重課税の回避
　それでは，租税条約とはどのような目的で定められているのでしょうか。国と国との合意である条約で定める必要があるものですから，一国だけでは十分に解決できない租税に関する事項について定めていることになります。

　第1にあげられるのが，国際的な二重課税を回避するという目的です。ある国との間で，それぞれの国の居住者どうしの交流が増えたり，企業の進出や受け入れが盛んになると，必ず課税の問題が生じます。これは，国によって税の制度に違いがあることや，課税方法が異なることによって生じるものです。

一般的に各国は，自国の管轄地内に居住する個人や所在する法人に対しては人的なつながりに基づいて居住地国課税を行い，その全世界所得に課税します。また，自国に居住しない者による自国の管轄地内での経済活動や所有する資産から生み出された所得に対しては，源泉地国課税を行います。

租税条約が結ばれるようになったのは，このためです。こうした課税方式の差異の結果として二重課税が生じるようなこととなり，国際的な人の動きや貿易・投資などが阻害されるようなことがあってはならないからです。

(3) 脱税や租税回避の防止

第2の目的は，国際的な取引を利用した脱税や租税回避の防止です。近年のように，世界各国にまたがって取引を行うグローバル企業が多くなってくると，国内が管轄の税務行政との間で乖離が生じてきます。

すなわち，多くの企業が国境をまたがって取引を行うのに対し，一国の法律に基づく税務調査は国境をまたぐことはできません。そのため，例えば日本国内であれば，ある納税者の税務申告が正しく行われているかについて，物や資金の流れを追うことは比較的容易です。そのための制度も税法上に整備されています。

しかしながら，物や資金が国境をまたいで流れる場合には，一国の税務当局だけでは，その納税者の税務申告が正しいかについて確認することは容易ではありません。

そこで，租税条約を結ぶことにより，各国の税務当局間で情報を交換することができることになります。

3. 租税条約の原則

(1) 国内租税法との関係

租税条約は国内でも効力を有しますので，租税条約を国内に直接適用する際に疑義が生じないよう，所得税法や法人税法等との関係などについて明確にした実特法が制定されています。

しかしながら，国内にも効力を有する租税条約が国内の租税法に優先して適用されるのかについては，慎重に考える必要があります。なぜなら，日本国憲法第84条は租税法律主義を宣言しており，租税の課税要件については法律で明確に定める必要があるからです。

　そのため，所得税法にしろ法人税法にしろ，数多くの条文で課税要件について明確に定め，さらには，施行令や施行規則によって要件の詳細や手続等について定めています。

　ところが，租税条約は一般に条文の数も多くなく，規定の仕方も網羅的かつ抽象的で，条文の内容も，二重課税の排除について規定された条文が中心になっています。

　租税条約の目的は，国際的二重課税の回避と脱税の防止にあります。わが国が締結したどの租税条約にも，「二重課税の回避及び脱税の防止のための」という条約の目的が書かれています。これが租税条約の内容であるので，租税条約は新たな課税要件を定めているものではありません。条文が概括的なのもそのためです。国際的二重課税を排除するのが主な目的なのですから，二重課税が生じる場合，すなわち居住地国課税と源泉地国課税とが競合する場合に，条約締結国の源泉地国課税を制限することが租税条約の目的であり，新たな課税を行おうとするものではありません。それゆえ，国内の租税法では課税要件が充足せずに課税対象とはならない取引等を条約のみで課税対象とすることはできませんし，納税者の負担を増加させるような，国内の租税法で適用される税率より高い税率を適用することはできないことになります。

　つまり，租税条約が国内の租税法に優先して適用になるのは，納税者に有利な取扱いとなる場合であり，逆に納税者にとり不利な取扱いとなる場合には，条約の規定ではなく，国内の租税法の規定が適用されることになるとされています。

　こうした国内の租税法と租税条約の関係についての原則を規定するものとして，次に述べるプリザベーション・クローズとセービング・クローズがあります。

①プリザベーション・クローズ

　原則の1つは、プリザベーション・クローズ（preservation clause）といわれる条項です。国内税法の扱いを「プリザーブ（維持）」する「クローズ（条項）」という意味です。

　日米租税条約にもこの条項があります。「この条約の規定は、次のものによって現在又は将来認められる非課税、免税、所得控除、税額控除その他の租税の減免をいかなる態様においても制限するものと解してはならない。」とし、一方の締結国の国内租税法などをあげています。この条項は条約の第1条2項に書かれていますので、日米租税条約の基本的な考え方であるといえるでしょう。同様の条項は、日中租税協定の第27条などにも見られます。

　なお、このプリザベーション・クローズが条約の中に明文化されていなくとも、租税条約は一方の条約締結国の源泉地国課税を制限するものですから、国内の租税法との関係を律する一般的な原則として、どの国との租税条約にも当てはまるものとされています。

②セービング・クローズ

　国内の租税法と租税条約との関係の原則には、セービング・クローズという条項もあります。セービング・クローズ（saving clause）とは、租税条約に特別の定めがないかぎり、条約の締結国は自国の居住者に国内の租税法に従って課税する権利を留保するという条項です。つまり、自国の居住者に対する課税は、条約中に特別の規定が置かれていないかぎり、租税条約の規定の影響を受けることなく行えるという原則です。租税条約の役割は自国の居住者に対して新たな課税を行うものではなく、条約締結国の源泉地国課税を制限することで国際的二重課税の排除などを図ることにあるので、このルールは、そのことを確認したものといえます。日米租税条約には、この条項は特定の場合を除き、一方の締約国の居住者に対する当該一方の締約国の課税に影響を及ぼすものではない旨が規定されています（日米1④）。

(2) 租税条約に定められる原則的な事項
①対象税目
　租税条約には，条約の対象となる税目が明記されています。租税条約は所得に対する課税を中心とした定めですから，わが国の租税法での対象は所得税と法人税が主になります。地方税が加わることもありますが，国と国との関係はそれぞれ異なるため，条約を締結する相手国により対象税目も異なることがあります。

　日米租税条約の対象税目は，わが国では所得税と法人税，アメリカでは連邦所得税となっていますが，例えば日英租税条約では，わが国の対象税目に地方税が加わり，イギリスの対象税目には所得税と法人税に加え，わが国にはない譲渡収益税という税目も対象となっています（日英2①）。

②適用地域
　租税条約については，その取り決めが通用する地理的な範囲が明記されます。

　条約の適用地域は，各国の地理的範囲と原則として同一ですが，国により若干異なることもあります。

　例えば，グアムやプエルトリコ，米国領サモアなどはアメリカの準州や属領という意味でアメリカの一部ではありますが，アメリカの税法がそのままの形では適用されていないことから，日米租税条約の適用地域からは除かれています。

　さらに，国が統合や分離されることもありますが，そうした場合，以前に締結された租税条約が引き継がれるかどうかが問題となる場合があります。例えば，旧ソ連から分離独立した国々については，ほとんどが旧日ソ租税条約を引き継いでいます。

③適用される納税者
　二国間の租税条約は，締結国の居住者に対して適用されるのが一般的であり，OECDモデルでは第1条で，この旨が規定されています。さらに，この

居住者の意味については，租税条約の中で定義されています。

例えば，日米租税条約には，条約は締結国の居住者である者にのみ適用する旨が規定され（日米1①），居住者については，一方の締約国の法令の下で住所や居所，本店または主たる事務所の所在地等の基準により，その一方の締約国において課税を受けるべきものとされる者をいうものとされています（日米4①）。わが国の租税法での，国内に住所を有する個人や内国法人が，これにあたります。

また，居住者は締結国の国内の租税法の規定に従うため，国ごとの制度の違いにより，締結国の双方で居住者とされる場合も想定されます。そのため，租税条約上，締結国のどちらの居住者であるかを振り分ける基準が設けられています。日米租税条約では，恒常的な住所がどこにあるのか，重要な利害の中心がどこにあるのか，等により判断されることとされています（日米4③）。

なお，条約締結国のどちらの居住者であるかを振り分けることは，二重課税を排除するためには重要です。一方の国で居住者とされると，その国では居住地国課税がなされることになりますので，締結国の双方で居住者とされると両国から居住地国課税をされるからです。

④ LOB条項

租税条約の適用があるのは条約締結国の居住者に限られますが，たとえペーパーカンパニーであっても設立すれば居住者となりますから，条約が予定していない目的のために締結国以外の第三国の居住者が形式的に締結国の居住者となり，租税条約の恩典だけを利用することも可能です。

そのため，こうした租税条約の目的外の利用を排除するための規定が，租税条約に盛り込まれることがあります。LOB条項（Limitation On Benefit）と呼ばれているものです。一定の条件に適合する居住者に限り，適格者として条約での恩典を受けることができるとの条項です。例えば，日米租税条約では，条約上の恩典を受けることができる居住者の条件を列挙し，個人であることや法人については日米の証券市場に上場していること，あるいは締結国

で実際に事業活動を行っていること等の要件のいずれかに合致しなければならないとの条項が置かれています（日米22①）。

⑤無差別条項

　租税条約が適用される納税者については，その納税者がどのような者であれ，平等に扱われなければいけません。例えば，納税者の国籍により課税所得の範囲が異なったり，同一種類の所得について，内国法人と外国法人とで異なる税率が適用されたりする制度を設けることは，この無差別条項に反することになります。

　日米租税条約においても，第24条1項で，一方の締約国の国民は，他方の締約国におけるすべての所得について，同様の状況にある他方の締約国の国民に課されている租税よりも重い租税を課されることはない旨の条項が置かれています。

　また，この条項の規定ぶりを見ても明らかなように，無差別条項は，自国の納税者よりも不利な課税上の扱いを他国の納税者に対して行うことを禁じる原則であって，自国の納税者よりも有利な取扱いを行うことまで禁じる原則ではないとされています。

column 3　国により異なる租税条約の立場

　わが国では，原則として租税条約が国内租税法に優先適用されますが，他の国ではどうでしょうか。

　アメリカの場合を見てみましょう。アメリカ合衆国憲法では，憲法とそれに従って制定された法律，締結した条約は，いずれも国の最高法規であるとされています（Article Ⅵ.Clause 2）。つまり，国内法と条約は対等の立場に立つとされているのです。ですから，条約が締結された後に，その条約と内容的に抵触する国内法が成立すれば，後法優位の原則により国内法の内容が適用されます。わが国では条約が国内法に優先するとの大原則があるため，国内法の内容が条約に優先するという事態は生じません。

　租税条約とアメリカ国内の租税法である内国歳入法との関係も同様ですから，アメリカの非居住者への課税について，租税条約の規定による課税が内国歳入法の規定による課税よりも有利であるとしても，後日，内国歳入法の改正が行われ，非居住者への課税が租税条約の規定よりも不利になった場合には，その不利となる内国歳入法の規定が適用されるのです。

　ただし，そうなっては租税条約を締結した意味がありません。そこで，例えば日米租税条約の第29条には，一方の締約国の法令に実質的な改正が行われる等した場合には，その改正の内容と条約上の特典とが均衡するよう，他方の国は条約改定のための協議を申し入れることができる旨が記されています。あくまでも，国内法の改正に条約をあわせようとする立場をとっているのです。

　しかしながら，条約法に関するウィーン条約では，すべての条約は当事国を拘束し，当事国はこれらの条約を誠実に履行しなければならない旨を規定するとともに，当事国は条約の不履行を正当化する根拠として自国の国内法を援用することができない旨を掲げていることを考えるなら，こうしたアメリカの立場は好ましいとはいえません。

4. モデル租税条約

(1) OECDモデル租税条約

　租税条約は原則として二国間の条約であり、その内容等については基本的に締結国に任されています。

　しかしながら、二国間の条約とはいえ国家間の課税についての取り決めであるので、ある程度の共通のルールに基づいて締結されていなければ、かえって国際間の貿易や投資の阻害要因ともなりかねません。そこで、先進国の経済成長や貿易の自由化に資することを目的とするOECDが主導して二国間条約のモデルを策定し、租税条約で規定すべき考え方や盛り込むべき事項についてのひな型を提示してきています。1963年にモデル条約の草案が公表されて以降、順次の改訂が加えられて現在に至っています。

　モデル租税条約の内容としては、租税条約が適用される納税者や対象税目といった基本的な項目に加え、国際的な二重課税を回避するため、所得の種類ごとに居住地国や源泉地国の課税権についての定めを置くとともに、締約国間の情報交換の原則を定めています。締約国の租税債権を確保するための徴収共助という規定もあります。さらには、租税条約を適用する際に問題が生じた場合の解決方法についても規定されています。

　なお、OECDは先進国により構成されていますから、モデル租税条約の内容としても締約国間での対等な取扱いを求める相互主義の原則のもとで、資本投資を行う納税者の居住地国側の課税権を重視する内容となっています。

(2) 国連モデル租税条約

　OECDモデルが先進国間で締結される租税条約のモデルを目指したのに対し、先進国と途上国との間の租税条約にも適用できることを目的として国連が策定した条約のひな型を、国連モデルといいます。

　国連モデルは1979年に策定され、2011年に改訂が行われました。その内容は、先進国と途上国との間で締結される租税条約のモデルとなるよう、資本を受け入れる立場となることの多い途上国側に配慮した内容となっています。例えば、OECDモデルが居住地国側の課税権を重視するのに対し、資本

の受け入れ側である途上国の源泉地課税を尊重するものとなっています。

II 国際的二重課税の回避

1. 租税条約による国際的二重課税回避の意義

　国際的な二重課税を回避するため，各国の国内の租税法では外国税額控除方式や国外所得免除方式などが採用されています。わが国が採用している外国税額控除方式は，いったん外国で支払った税額について，一定の計算方式により算出された金額を限度として日本で支払う税額から控除するという方式ですが，外国の租税を負担することを前提としていることに加え，二重課税を完全に排除できないことも考えられます。外国で支払った税額は外国の租税法により計算された金額ですので，わが国と外国の税制度や税率の違いによっては，外国で支払った税額の全額を控除することができないこともあるからです。また，事後の申告により控除を受けることになるため，事務的に煩雑であることも無視できません。

　しかしながら，関係する二か国間で租税条約を締結して，事前に締結国間での課税のルールを定め，交渉により締結国間でどのように課税するかを決めておけば二重課税が回避されることになりますし，あらかじめ二国間での課税のルールが明らかにされることを通じて，納税者側にとっても予測可能性という面からのメリットも大きくなります。

　国際的な二重課税が生じる場合としては，次の3つの場合が考えられます。第1が，居住地国課税と源泉地国課税とが競合する場合です。租税条約では，源泉地国課税を制限する形で調整しています。第2が，居住地国課税が競合する場合です。双方の締結国で居住者とされ，居住地国課税される場合です。租税条約では，居住者の定義を明確にすることにより調整しています。第3が，源泉地国課税が競合する場合です。各国が国内源泉所得について異なる扱いをしていることにより国内源泉所得が競合する場合です。租税条約では，所得の源泉地について両国間で統一を図ることで調整しています。

2. 所得の種類による課税権の配分

　租税条約の役割は，居住地国課税と源泉地国課税との競合による国際的二重課税について，源泉地国課税を制限する形で調整して回避することにあり，その具体的な規定として，条約締結国の居住者の稼得する所得について，その種類ごとに居住地国や源泉地国の課税権についての定めを置いています。

　以下，条約締結国間での課税権の定めについて，所得の種類ごとにOECDモデルをベースとして説明します。

(1) 事業から生じる所得

①不動産所得

　一方の条約締結国の居住者が他方の締約国に所在する不動産や不動産の上に存する権利を貸付けることで稼得する所得に対しては，その不動産が所在する他方の締約国で課税できるとされています（OECD6①）。不動産は，所在する国の領土に密着している場合が多いからです。この場合の不動産とは，その所在する国の法令の規定によることとされています。

②事業所得

　事業所得について，OECDモデルでは企業の利得であるとされていますが，おおむね日本の所得税法が規定している事業と同義であるといえます。

　事業所得については，一方の締約国の企業が他方の締約国内の恒久的施設（PE）を通じて行った事業により稼得した所得に対し，他方の締約国が源泉地国課税を行うことができるとされています（OECD7①）。

　PEについてOECDモデルでは，事業を行う一定の場所であって，企業が事業の全部または一部を行っている場所であるとの定義がなされています（OECD5①）。具体的な例示として，事業の管理の場所，支店，事務所，工場，作業場，天然資源の採取場所があげられています。また，企業が反復して契約を締結する権限を有する者を代理人として相手国に置く場合にも，その企業はPEを有するものとされています。

　事業を行う上で，他方の締約国の国内に物理的な事業の拠点などを置いて

いる場合には，その締約国の領土とのつながりが深く，かつ，そうした物理的な拠点などを通じて行う事業については所得の算定の基礎となる収支計算が可能ですので，PEを通じて事業を行った結果として生じた所得に対しては，源泉地国課税ができることとしています。これを裏から見ると，PEを通じない事業については課税が行われないということになります。「PEなければ課税なし」ともいわれています。

③国際運輸

　国際運輸を行うことにより稼得された所得は事業所得ではありますが，OECDモデルでは事業所得の例外となる所得として取り扱っています。国家間をまたがって運行される航空機や船舶により稼得された所得については，事業所得のようにPEを通じた課税ができないからです。例えば，日本の航空会社が所有する航空機で貨物をシンガポールやアメリカに運送した場合，その運送によって生じる所得に対してはどの国が課税するのでしょうか。特に航空機の場合には，一度のフライトで複数の国をまたがって運航される場合もあるので，複数の国との関係で課税を考えなくてはならなくなります。

　そこで，OECDモデルでは，国際運輸業を行う企業の実質的な管理が行われる場所が所在する締約国のみが課税できることにしています（OECD8①）。

　ただし，わが国が途上国と締結した租税条約の中には，企業の管理が行われている国のみではなく，他方の締約国でも条件付きで課税できることにしている条約もあります。日印租税条約第8条3項などはこの例です。

(2) 投資から生じる所得

　配当所得や利子所得，あるいは使用料といった投資から生じる所得に対する課税については，所得を得た者の居住地国と支払を行う者の居住国が異なる場合に，所得を得た者の居住地国が居住地国課税を行うのか，支払を行う者の居住地国が源泉地国課税を行うのかが問題となります。OECDモデルにおいては，これらの投資所得については，所得を得た者が居住する国が課税する居住地国課税を原則としていますが，配当や利子等が生じ，支払を行う

者の居住する国が課税する源泉地国課税についても，制限付きで認めています。

また，こうした投資から生じる所得については，先進国間の租税条約では相互主義の考え方に基づいて居住地国のみの課税としても大きな問題は生じませんが，先進国と途上国の間の租税条約では，課税権の配分を巡って考え方が異なる場合があります。

すなわち，投資を受け入れる場合が多い途上国からすると，一般に投資を行う側である先進国の居住者に対して支払う配当や利子，使用料については源泉地国でも課税できるとした方が，税収確保のために望ましい場合が多いからです。そのため，先進国と途上国の間の租税条約のひな型である国連モデルにおいては，源泉地国課税の制限税率をあらかじめ定めずに空欄とし，締結国間の交渉で決めることができるようになっています（国連10②など）。

①配当

配当所得については，配当を受け取る者の居住地国が居住地国課税を行うことが原則です（OECD10①）。ただし，配当を支払う者の居住する国にも源泉地国課税を認めていますが，税率で制限を設けています。すなわち，源泉地国の課税については，持株割合が25％以上の親子間の配当には5％の制限税率，それ以外の配当には15％の制限税率を課しています（OECD10②）。

なお，先進国間での投資交流を促進するためには，源泉地国課税は極力抑制的であることが望ましいとされているため，わが国にとって経済的に最も関係の深いアメリカとの間の租税条約では，持株割合が50％以上の親子間の配当については，源泉地国課税を行うことができないとされているほか，持株割合が10％以上50％以下の場合は制限税率を5％にまで軽減しており，これら以外の一般の株式等からの配当についても，制限税率を10％としています（日米10②・③）。

②利子

利子所得についても利子を受け取る者の居住地国が居住地国課税を行うこ

とが原則とされています（OECD11①）が，源泉地国にも制限された税率で課税を認めています。

すなわち，源泉地国側が課税する場合の税率は10％を超えることができないとする上限を設けています（OECD11②）。日米租税条約においては，投資交流促進の観点から，原則として利子を受け取る者の居住地国が課税できる（以前は，金融機関の利子に限定されていた。）こととされています（日米11①・②）。

ところで，利子所得の源泉地とは何を指しているのでしょうか。OECDモデルでは，利子を支払う者（債務者）の居住地国が源泉地国であるとしています（OECD11⑤）。これは債務者主義と呼ばれていますが，国際間での利子の支払いについては，源泉地国を明確にすることが必要ですので，利子の支払者である債務者に着目して，利子所得の源泉地としているのです。

③使用料

使用料については，使用料を支払う者の居住地国ではなく，使用料を受け取る者の居住地国のみが課税を行うことが原則とされています（OECD12①）。日米租税条約でも同様の取扱いとなっています。（日米12①）。ただし，わが国が締結している租税条約の中には，わが国との経済的な関係に考慮して，使用料を支払う者の居住地国にも制限的な割合で課税を認めている条約もあります。日タイ租税条約第12条2項などは，この例です。

(3) 譲渡収益

財産の譲渡に伴って生じる収益に対する課税は，譲渡した財産の種類によって異なります。OECDモデルでは，譲渡収益についての定義はなされていませんが，①不動産の譲渡，②事業用資産の譲渡，③船舶や航空機の譲渡，④不動産所有を目的とする法人の株式の譲渡，⑤その他の財産の譲渡，に区分されています。

一方の締約国の居住者が他方の締約国に所在する不動産の譲渡により稼得した収益に対しては，不動産が所在する他方の締約国で課税することができ

ます（OECD13①）。一方の締約国の企業が他方の締約国内に有するPEの事業用資産の譲渡収益に対しては，他方の締約国で課税することができます（OECD13②）。また，船舶や航空機の譲渡収益に対しては，その企業の実質的な管理が行われる場所が所在する締約国においてのみ課税することができます（OECD13③）。

なお，その他の財産の譲渡には，一般の株式などの有価証券の譲渡収益が含まれますが，これらの収益に対しては，譲渡者が居住する締約国のみが課税できることになっています（OECD13⑤）。

(4) 人的役務に対する報酬
①給与所得

企業に勤務する従業員のような給与所得者が外国に滞在して給与を得るという場面では，源泉地国でも課税されるのかが問題になります。

OECDモデルにおいては，一方の締約国の企業の従業員が他方の締約国に派遣されて役務の提供を行って給与所得を得た場合には，その役務を提供した他方の締約国において課税できます（OECD15①）。

ただし，従業員の居住地国では免税となるわけではありませんので，給与所得者については，居住地国と源泉地国とで国際的二重課税が生じることになります。こうした国際的二重課税は，国内租税法での外国税額控除で解消を図ることも可能ですが，完全な解消が困難な場合もあり，事務的にも煩雑となるため，OECDモデルでは，**短期滞在者免税**という制度が規定されています（OECD15②）。

この制度は，次の3条件に合致した場合には源泉地国課税を行わないとするもので，一般に183日ルールといわれているものです。

①給与所得者が課税年度中に開始あるいは終了する12ヶ月の期間において，他方の締約国に滞在する期間が合計183日を超えないこと
②給与の支払者が他方の締約国の居住者ではないこと
③給与が雇用者の有する他方の締約国内の恒久的施設により負担されないこと

②役員報酬

　役員報酬については，一方の締約国の居住者が他方の締約国の居住者である企業の役員として稼得する報酬に対しては，他方の締約国が課税を行うことができます（OECD16）。

　役員の場合には，役務提供の場所が複数の国にまたがることも多く，役務提供の場所の判定が単純ではないことから，企業の所在地国で役務が提供されたものとして，役員である企業の居住地国が課税できるとしています。

③芸能人や運動家の所得

　一方の締約国の居住者である歌手や映画俳優などの芸能人やプロのスポーツ選手などの運動家が他方の締約国で行う興業や活動により稼得される所得に対しては，他方の締約国が課税できることになっています（OECD17①）。芸能人や運動家の稼得した所得は一般に事業所得か給与所得になりますが，こうした者は短期間で多額の収入を得ることが一般的です。しかし，事業所得とした場合はPEが存在しないため，また，給与所得とした場合には183日ルールにより，ともに源泉地国課税がされないからです。

　ただし，日米租税条約においては源泉地国課税を認めつつも，相手国で受け取る報酬などの合計額が1課税年度内で1万ドルか1万ドル相当の日本円を超えない場合には，芸能人などの居住地国でのみ課税されることとされています（日米16①）。

④退職年金

　企業を退職したことにより支払われる退職年金については，一方の締約国の居住者に支払われるものに対しては，その一方の締約国のみが課税できることになっています（OECD18）。

　退職年金を受給する者が複数の国の企業に勤務していた場合には，複数の国で退職年金の掛け金を支払い，複数の国から退職年金を受給する場合があります。そこで，退職年金を受給する者が居住する国のみが課税できることにしているのです。

⑤政府職員の所得

　一方の締約国の国や地方政府の職員が他方の締約国に滞在して職務を遂行する場合は自国から給与等が支払われますが，その給与に対しては原則として支払国である一方の締約国にのみ課税を認めています（OECD19 ① a）。

⑥学生や実習生の所得

　一方の締約国の居住者である者が，他方の締約国に学生や実習生として滞在している場合に自己の生計や教育のために受領する金員に対しては，その金員が他方の締約国の国内で取得されたものでないかぎりにおいて，その滞在地である他方の締約国での課税を免除しています（OECD20）。国際交流の促進が理由とされています。

⑦自由職業所得

　2000年の改訂で削除されましたが，以前のOECDモデルでは自由職業の所得についての定めが置かれていました。自由職業とは，独立して活動を行う医師や弁護士などとされていましたが，それらの者が他方の締約国内に固定的施設を有する場合のみ源泉地国課税を認めていました。しかしながら，この規定は事業所得の規定と重複するものが多いとの理由で削除されたものです。

　わが国が2000年より前に締結した租税条約では，自由職業についても規定しているものがあります（日印14 ①）。

(5) その他所得

　他の条項で規定されていない所得については，その所得を稼得した者の居住地国でのみ課税することができます。また，その所得については条約締結国以外の第三国で生じたものも含まれます（OECD21 ①）。ただし，一方の締約国の居住者が稼得した所得が，他方の締約国に有するPEと実質的な関連を有する場合には，事業所得として扱われます（OECD21 ②）。

3. 相互協議

　租税条約では、これまで説明してきたような規定によって国際的な二重課税の回避を図ることとしていますが、こうした規定の運用が的確に図られるように、また、条約の執行で何らかの問題が生じた場合の解決を図るため、**相互協議**という枠組みも定められています。OECD モデルでは、第25条がその規定です。

　OECD モデルでは、相互協議の目的として①租税条約の規定に適合しない課税を受けた者の救済を図ること　②租税条約の解釈や適用に関して生じる疑義等の解決を図ることなどが書かれています。

　相互協議の当事者は、**権限ある当局**（Competent authority）ですが、権限ある当局とは、租税条約の締結国において、その制度や執行に関して責任を有する者をいいます。わが国では、財務大臣または権限を与えられたその代理者とされ、具体的は財務省主税局長と国税庁の国際担当審議官があたっています。

　相互協議は、租税条約の規定に適合しない課税を受けた、あるいは受けることになる者から、自国の権限ある当局に申し立てがなされることから始まります。相互協議の最も多い例は、移転価格税制の執行に伴って発生する経済的二重課税の解決ですが、租税条約の解釈についても相互協議が行われます。例えば、日米租税条約では、条約の適用対象となる居住者の振り分けに関して、条約上の個々の規定だけでは解決できない場合には、相互協議により解決を図ることとされています（日米4③・④）。

　相互協議は、締約国間の権限ある当局による協議ですので、その実効性が担保されていなくてはなりません。そのため OECD モデルでは、締約国に対して相互協議が合意に達するよう努めることを求め、あわせて合意された内容についての実施義務を課しています（OECD25②）。

4. 仲　裁

　相互協議によっても解決が図られない問題について、相互協議の申し立てを行った者は権限ある当局に**仲裁**の要請をすることができます（OECD25

⑤)。相互協議による解決に時間がかかる場合には申し立てを行った者が不利益を被ることが多いことから設けられている条項です。権限ある当局が相互協議の手続きに入ってから2年以内に相互協議が合意に達しない場合に行うことができます。仲裁は，二国間での合意された手続きに基づいて実施されますが，OECDのモデルによると，租税条約の締結国がそれぞれ選任した仲裁人により構成される仲裁委員会が，両締約国が提示した解決案等をもとに審議を行い，解決についての決定を行うものです。両締約国は，決定内容を実施する義務を負います。わが国が締結した租税条約では，日米租税条約（25⑤・⑥・⑦）などに規定されています。

III 脱税や租税回避の防止

1. 国際課税と脱税・租税回避

　脱税とは，一般に，納税義務者が租税法の規定に反してその義務を履行しないことにより，税額の一部あるいは全部を免れることとされています。

　また，租税回避については，私法上は認められる法形式を利用して意図した経済目的を達成しつつ，結果として，税法が予定する税負担の減少や税負担を排除することとされています[1]。

　しかしながら，脱税に対して厳しい取扱いが定められていても，租税法の規定に反する行為をした納税者を把握し，脱税の事実を立証するための証拠が収集できなければなりません。また，租税回避の行為については，取引関係等の事実関係を正確に把握し，その取引関係が経済合理性を有するものか否か等について確認しなくてはなりません。

　そのため，わが国では国税通則法で税務調査の権限が税務当局などに与えられていますし，納税者本人のみでなく，その取引先等に対しても税務調査を行うことができます。また，課税の参考となるさまざまな資料の提出が納

---

1) 金子宏『租税法（第20版）』弘文堂，2015年，124頁。

税者本人のみならず，給与の支払者や利子・配当の支払を行う者にも義務づけられていますし，税務当局にはそうした資料の提出を求める権限が与えられています。

しかしながら，国境をまたがる取引や投資等については，国内と同じことはできません。課税権を担保する役割である税務調査や資料の収集は国境を越えては行えないからです。

一国の税務当局が自国の領域内でのみ税務調査や資料の収集を行ったとしても，それには限界があります。例えば，自国の法人が国外に所在する外国法人との取引により所得を稼得し，それをもとに税務申告を行ったとしても，税務当局がその内容を納税者本人以外から確認することはできません。国外に所在する外国法人に対しては，反面調査も資料の収集もできないからです。

自国の個人が国外に所在する外国の銀行に預金口座を設けた場合についても，その銀行の預金口座の内容までは確認できません。その銀行は自国の領域外にあるため，自国の税務調査は及ばないことになるからです。こうした状況を放置していたのでは，納税者は国外の者と取引を行ったり国外に送金をすることによって，自国の税務調査から簡単に逃れることができることになります。

ここに，租税条約の役割が生まれます。租税条約の中に条約締結国間の課税当局が互いの国の納税者に関する課税の情報を提供し合う条項を設けることにより，自国納税者の他国内での経済活動について情報を得ることができるようになるからです。これが，租税条約における情報交換と呼ばれているものです。

OECDモデルでは，第26条で情報交換の規定を置いています。締約国が課するすべての種類の租税に関する法令の規定の実施に関連する情報を交換する旨が書かれています。

2. 情報交換

租税条約が想定する情報交換には，次の3つの類型があります。第1が要請に基づく情報交換です。これは，条約締結の相手国の税務当局から要請が

あった場合に，自国内にある相手国の特定の納税者に関する情報を提供するものです。

　第2が自動的な情報交換です。これは，条約締結相手国の納税者に関する情報のうち，自国内の金融機関などからの提出が義務づけられている利子や配当の支払に関する資料を，システム的かつ網羅的に相手国の税務当局に提供するものです。相手国の納税者が相手国の税務当局に自国内で支払われた利子などの所得を正しく申告していなかったとしても，相手国の税務当局はこうした資料と照合することによって確認することが可能となります。

　第3が自発的な情報交換です。これは，条約締結国が自国内での税務調査等の過程で相手国の納税者に関する資料や情報を把握した場合に，それを相手国の税務当局に提供するものです。例えば，わが国の税務当局が国内での税務調査でアメリカ法人との取引に関する資料を把握した場合に，こうした資料を自発的にアメリカの税務当局に提供すれば，アメリカの税務当局が税務調査等を行う際に有用な資料となることになります。

　こうした情報交換に関しては，租税条約には重要な取り決めが置かれるのが普通です。それは，守秘義務に関する条項です。一般にどの国でも，税務当局が有する特定の納税者に関する資料は守秘され，課税や税の徴収を目的とする場合においてのみ担当者に限って用いることが義務づけられていますが，これらの情報と同様に，情報交換により条約の相手国から受領した情報は守秘されなければなりません。OECDモデルでも，第26条2項で定められています。

　なお，租税条約の中には，こうした情報交換条項を中心として締結されるものがあります。わが国の締結したものについて見ると，いわゆるタックス・ヘイブンの国や地域と締結したものに多く見られます。英領バージン諸島やマカオ，リヒテンシュタインなどと締結した租税情報交換協定が該当します。日本とこうした国や地域との関係については，貿易よりも日本からの投資等の資金の流れが中心であり，わが国にとっては，わが国の居住者である納税者に関する課税情報を得ることが重要であるからです。

　また，スイスについては，従前は銀行情報の守秘が厳格であることで知ら

れており，外国の税務当局にスイス国内の銀行情報を提供することを拒んできましたが，こうした姿勢が欧米諸国からの批判を浴び，徐々に変化が見られてきています。わが国とスイスの租税条約には，以前は情報交換の条項は入っていませんでしたが，2011年発効の一部改正を機に，新たに情報交換条項が追加されました。

3．徴収共助

　租税は，適正かつ公平に課税されることが重要ですが，課税された租税が国庫に正しく収納されなければ意味をなしません。そのため，何らかの事情により納税の義務を履行しない者に対しては，国は強制的に，納付すべき税額を徴収することができます。そして，こうした国税の徴収の必要性は，国境を越えて他国の領域にまで及ぶこともあります。

　例えば，租税の滞納をした納税者が国税当局の滞納処分を免れるために，預金等を他国の外国銀行に移すこともありますし，自国には資産がないものの，国外に不動産等の資産を有している場合もあります。

　しかし，こうした納税者に対して，自国内に所在する資産については滞納処分を行うことができますが，他国の国内にある資産については，滞納処分を行うことができません。

　租税条約に，租税に関する情報の交換に加えて，租税の徴収に関する協力についても書かれているのはこのためです。徴収共助といわれるものです。この徴収共助の対象は，租税条約の適用とならない者や税目に係る租税債権にも及ぶこととされています（OECD27①）。

　徴収共助は，一方の締約国からの要請に基づいて，一方の締約国が有する租税債権について，他方の締約国の税務当局が，他方の締約国の国内法に従って徴収するという仕組みです（OECD27③）。他方の締結国の税務当局が徴収したその租税債権は，要請を行った一方の国に送金されることになります。

第4章

国際的二重課税の排除

I 国際的二重課税とは何か

　本章では、国際的な二重課税とその排除について説明します。

　国内に本店等を有する法人（内国法人）または国内に住所等を有する個人（居住者）が国外の資産を購入したり事業を海外に拡大したりすると、そこで所得を得ることがあります。こうした所得の発生した国のことを**源泉地国**といいます。源泉地国は、源泉地国としての立場から、こうした所得に課税しようとします。他方、法人にとっては本店等がある国そして個人にとっては住所等のある国のことを**居住地国**といいますが、居住地国も、居住地国としての立場から、内国法人あるいは居住者が得た源泉地国の所得に対して課税しようとします。いずれの課税も国際的に許容されているものです。したがって、源泉地国の課税と居住地国の課税が重複し、不可避的に国際的な二重課税が発生します[1]。

　しかしながら、こうした二重課税は、国際的な経済活動の発展を阻害するものであり、可能なかぎり排除する必要があります。その排除の方法ですが、

---

1) 居住地国としての課税が重複したりあるいは源泉地国としての課税が重複したりする可能性もありますが、これらは構造的なものではなく、原則として条約上の手続きにより解決されるべきものですので、本章では取り上げないこととします。

大きく分けて，2つの方式があります。1つは，源泉地国で得た所得を居住地国の課税対象に取り込んで課税した上で源泉地国の税を控除する方式であり，もう1つは，源泉地国で得た所得を居住地国での課税対象から除外する方式です。前者を外国税額控除方式といい，後者を国外所得免除方式といいます[2]。

ここで，わが国が採用している仕組みについて述べると，基本的には外国税額控除方式を採用するとともに，例外的に外国子会社からの受取配当に所得免除方式を採用しており，全体としては，両制度を混合したハイブリッドな制度となっています。

本章では，まず，国際的な二重課税が発生するさまざまなパターンを具体的に設定し，外国税額控除方式や国外所得免除方式を適用することで国際的な二重課税がどのように排除されるかを説明します。次いで，わが国における国際的二重課税の排除のための制度の変遷を簡単に紹介した上で，わが国の現行の外国税額控除制度と外国子会社配当益金不算入制度の概略について説明します。

なお，本章では，法人の取扱いを中心に説明し，個人の取扱いについては必要な範囲で簡単に触れることとします。

II 国際的二重課税排除の仕組み

それでは，国際的な二重課税の排除の仕組みについて，さまざまな状況を想定した事例を用いて説明します。

1. 基本パターン

国際的な二重課税が発生する状況の基本的なパターンとして，内国法人が国外に支店を設けて活動する，という状況を次のとおり設けます。

---

[2] これら2つのほか，外国税を経費として控除する方法もありますが，二重課税の排除としては不完全です。

A社は，X国に本店を置いて主としてX国内で事業活動を行っている会社ですが，事業を海外にも拡大することとし，Y国に支店を設けました。この場合，A社にとってX国は**居住地国**となり，A社はX国において内国法人（居住者）として扱われます。また，A社にとってY国は**源泉地国**となり，A社はY国において外国法人（非居住者）として扱われます。事業活動の結果として，200の国内所得と100の国外所得を得たとします。なお，法人税率はいずれの国も30％であり，居住地国は全世界所得に課税し，源泉地国は国内源泉所得のみに課税していると仮定します。

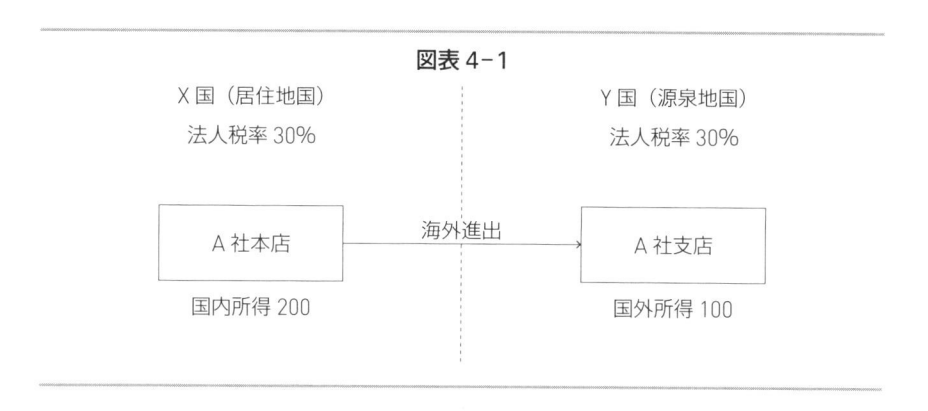

図表4-1

X国（居住地国）　　　　　　　　　　　Y国（源泉地国）
法人税率30％　　　　　　　　　　　　法人税率30％

A社本店　──海外進出──→　A社支店

国内所得200　　　　　　　　　　　　国外所得100

(1) 二重課税を排除しない

　A社はY国では外国法人に該当することから，支店はその国内所得100のみが課税対象とされ，税額は30（100 × 30％）となります。

　A社はX国では内国法人に該当することから，本店はその全世界所得300（国内所得200＋国外所得100）が課税対象とされ，税額は90（300 × 30％）となります。

　X国とY国をあわせた税額は120（30＋90）となります。

　ここで，A社が支店を国内に設け100の所得を得た場合と比較してみましょう。国内支店の場合，A社の全世界所得は300（本店200＋国内支店100）で，納税額は90（300 × 30％）となります。

したがって，国外に支店を設けた方が国内に支店を設けた場合に比べ税負担が重くなっていますが，これは国際的な二重課税が発生していることによるものです。

図表4-1でこのことを確認します。A社の国外所得である100に対して，源泉地国が30の税を課し，居住地国も30の税を課しています。結果として，国外支店の所得が双方の国で課税され，二重課税となっていることがわかります。国外所得に係る実効税率は60%（60（30＋30）／100）となり，名目税率の30%よりも高くなっています。

こうした過大な税負担は，A社をして国外での事業活動を抑制させることになります。すなわち，企業の意思決定（事業活動を国内とするか，それとも国外とするか）に歪みを与え，国際的な経済活動を阻害します。

こうした国際的な二重課税については，基本的には，居住地国において配慮するのが国際的なルールとなっています[3]。

そこで，ここからは，居住地国によって行われる二重課税排除の方法について説明します。

(2) 外国税額を経費控除する

二重課税の排除の方法の1つとして，A社が支払った外国税額を経費として控除する方法が考えられます。これは，**経費控除方式**と呼ばれる方法です。

上記の例では，居住地国が外国税額の30を経費として控除することを認めることになります。結果として，居住地国での全世界所得は270（200＋100－30）に減少し，税額も81（270×30%）に減少します。A社のX国とY国での合計の税負担額も111（81＋30）に減少します。

経費控除方式での111という金額は，二重課税の排除をまったく行わなかった場合の120に比べると9だけ軽減された数値です（この9という金額は，外国税額30に国内の法人税率30%を乗じたものです。）。しかしながら，

---

[3] ただし，租税条約により，源泉地国も，非居住者に対する課税について配慮することがあります。例えば，投資所得に対する源泉地国での課税において限度税率を設けることがあげられます。

国内に支店を設けた場合の 90 よりも税負担は重くなっています。したがって，外国税額の経費控除の方法は，国際的な二重課税排除の方法としては不完全なものです[4]。

(3) 外国税額を控除する

次に，X 国が外国税額を控除する方法を採用しているとします。これは**外国税額控除方式**と称されるものです。

居住地国は，源泉地国の税額について税額控除することを認めます。すると，居住地国での納税額は 60 に減少します。なぜなら，居住地国での全世界所得 300 に自国の法人税率 30% を乗じて得られた税額 90 から源泉地国での税額 30 を控除できるからです。

A 社にとって，居住地国での税額は 60 で，源泉地国での税額は 30 であることから，全体での税負担は 90 となります。

これは，A 社が国内に支店を設けた場合と税負担は同一です。すなわち，国内支店と国外支店での課税の中立性が確保されたことになります。

なお，外国税額控除方式はアメリカやイギリスで採用されており，ドイツやフランスでは，外国税額控除方式と国外所得免除方式が併用されています。

(4) 国外所得を免税とする

居住地国が国外所得を除外して税額の計算を行う方法を採用しているとします。これは，**国外所得免除方式**と称されるものです。

A 社は，国外所得すなわち源泉地国の所得を課税対象から除外して税額の計算をします。したがって，国内所得 200 に対して法人税率を乗ずることから，法人税額は 60（200 × 30%）となります。

A 社の X 国と Y 国の合計の税負担額は 90（60 + 30）となり，二重課税は完全に排除されています。

---

[4] 外国税額に居住地国の税率を乗じて得られた金額だけ税負担が減少します。

(5) 累進税率を考慮する

　本章では，基本パターンの税率を比例税率として説明していますが，累進税率が適用されている場合には，追加的な考慮が必要です。なぜなら，国外所得免除方式を採用すると，所得分割と同様の効果が発生し，外国税額控除方式に比べ有利となるからです。さらに，国内支店で所得を得た場合と比較しても有利です。したがって，課税の中立性を確保するための工夫が必要となります。

　この点を図表4-2で説明します。ここで，居住地国の所得税の税率が累進税率であり，所得200の場合には税率30%，所得300の場合には40%であると仮定します。なお，源泉地国の税率は30%と仮定します。

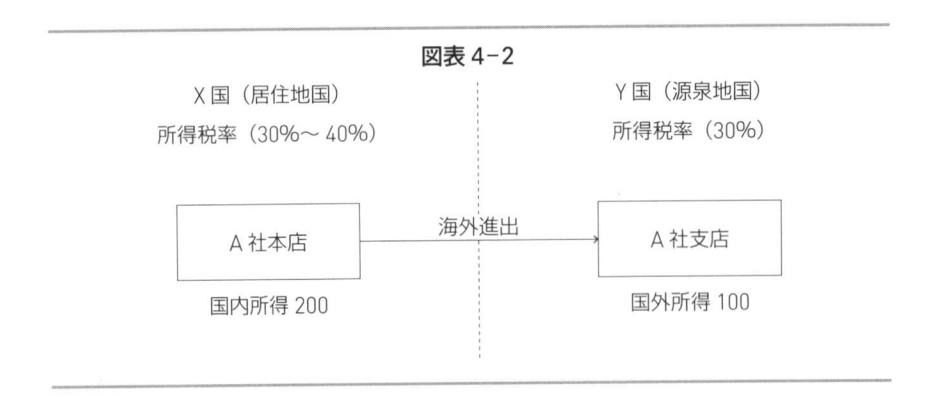

図表4-2

X国（居住地国）　　　　　　　　　　Y国（源泉地国）
所得税率（30%～40%）　　　　　　　所得税率（30%）

A社本店　──海外進出──→　A社支店

国内所得200　　　　　　　　　　　　国外所得100

　源泉地国での税負担は30（100×30%）です。

　居住地国での税負担は，X国が外国税額控除方式を採用した場合には，国内の税額は40%の税率が適用されることから90（300×40%－30）となり，A社の全体の税負担は120（90＋30）となります。

　これに対して，X国が国外所得免除方式を採用した場合には，国内所得には30%の税率が適用されることから国内の税額は60（200×30%）となる一方で，国外所得に対する税額は30（100×30%）ですから，A社全体の税負担は90（60＋30）となり，外国税額控除の場合と比べて有利となります[5]。

これは，所得分割の効果が発生し，税負担が軽減されたことを示しています。

　そこで，公平な税負担の回復策として**累進付免除方式**を採用することが考えられます。これは，累進税率の要素を考慮し，居住地国での税負担を国外所得も含めたところで税額の計算をするものです。

　源泉地国では，100の所得には30%の税率を適用し，税負担は30です。

　居住地国では，国内所得200に国外所得100を合算し，適用税率を求めます。図表4-2の例では，適用税率は40%となります。そして，この税率を国内所得に適用して税額を求めます。すなわち，国内での税額は80（200×40%）となり，A社全体の税負担は110（80＋30）となります。これにより所得分割の効果は消滅します[6]。

(6) 国外で損失が発生

　次に，国外で損失が発生している場合を想定してみます。

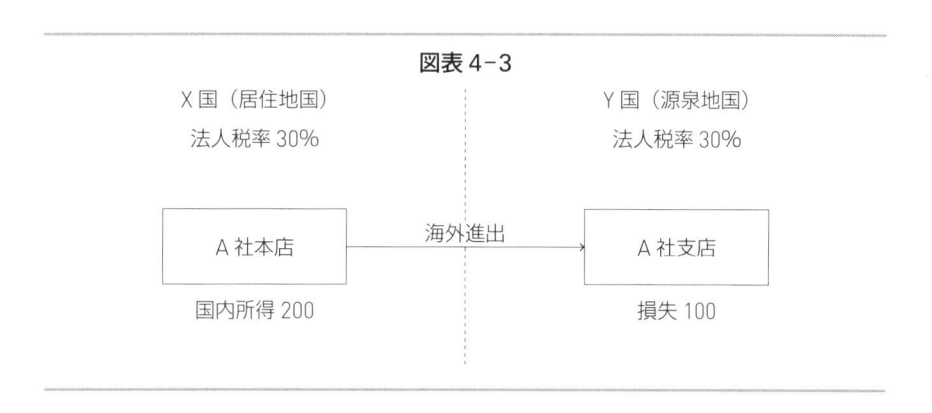

図表4-3

X国（居住地国）　　　　　　　　　　Y国（源泉地国）

法人税率30%　　　　　　　　　　　法人税率30%

A社本店　──海外進出→──　A社支店

国内所得200　　　　　　　　　　　　損失100

---

5) この結果は，国内で所得を得た場合と比較しても有利です。国内支店で追加の所得100を得ると，A社の税負担は120（300×40%）となるからです。
6) なお，外国税額控除を適用した場合と比較すると税負担が小さくなっていますが，これは，Y国の税率がX国の税率よりも低いことを反映したものです。

源泉地国での税額はゼロとなります。

居住地国が外国税額控除制度を適用しているとすると，全世界所得は国内所得の200から国外損失の100を控除して100となり，A社の税額は30（100×30％）となります。他方，居住地国が国外所得免除方式を適用しているとすると，国外損失は無視されるので，居住地国での税額は60（200×30％）となり，A社の全体の税額も60となります[7]。

以上のことを企業の立場から考えると，海外に進出するにあたり当面は損失の発生が予想される場合には，外国税額控除方式の方が国外所得免除方式よりも有利に働きます。

居住地国の立場から考えると，外国税額控除方式を採用した場合には，国外支店が損失となっていることで税収が減少する結果となります[8]。

2. 国外の税率が高いケース

(1) 基本パターンの修正

次に，基本パターンを少し修正し，まず，源泉地国の税率が居住地国の税率よりも高いケースを想定します。その税率は40％と仮定します[9]。

---

[7] 国内支店が100の損失を出したとすると，A社の税額は30です。

[8] これは国内支店が損失を出した場合と同一であり，国内と国外との間の課税の中立性は維持されています。

[9] 税率については，ネットベース（収入から費用を控除した残額）を課税標準として課税される場合とグロスベース（収入金額）を課税標準として課税される場合があり，前者は事業所得（能動的所得といいます）の場合，後者は投資所得（受動的所得といいます）に多く見られます。非居住者の投資所得に対しては源泉徴収の方法で課税されることが多く，この場合にはグロスベースで課税されます。こうした課税は，ネットベースに直して計算すると，その税率はきわめて高率となることがあります。例えば，グロスベースでの課税で源泉徴収の税率が20％であっても，経費率が50％とすると，経費控除後での法人税の実質的な税率（実効税率）は40％となります。極端な場合には，経費を控除した後の所得がない場合でも課税されることがあり，こうした場合には，実効税率が100％以上となります。

図表 4-4

X国(居住地国)　　　　　　　　　Y国(源泉地国)
法人税率 30%　　　　　　　　　　法人税率 40%

A社本店 ——海外進出——→ A社支店

国内所得 200　　　　　　　　　　国外所得 100

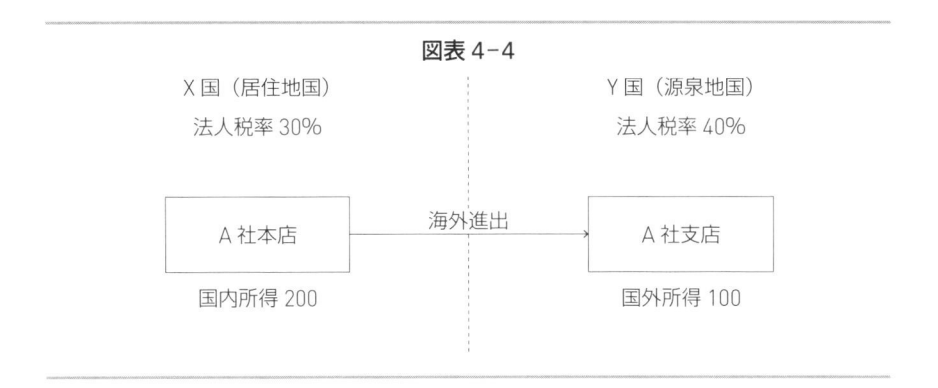

図表 4-4 で考えてみます。

源泉地国での税額は 40(100 × 40%)となります。

居住地国での税額は,外国税額控除方式をとった場合には,全世界所得 300 に対して法人税率 30% を乗じて得られた税額 90 から源泉地国の税額 40 を控除して 50 となります。A 社全体の税額は 90(50 + 40)です。他方,国外所得免除方式をとった場合には,居住地国での税額は 60 なので,A 社全体の税額は 100(60 + 40)となります[10]。

A 社からすると,外国税額控除方式の方が国外所得免除方式よりも有利です。なぜなら,源泉地国での高税率部分は居住地国での外国税額控除により補てんされ,全体として 30% の税率で課税されるからです。

しかしながら,居住地国からすると,こうした結果は受け入れがたいものです。源泉地国の高率な税負担部分を居住地国が肩代わりすることを意味するからです。A 社の国外での経済活動の結果,A 国の税収が減少してしまいます。A 社の源泉地国での活動がなければ 60(200 × 30%)の税収であったものが,源泉地国での活動の結果として 50 に減少しています。

(2) 国内の税収の確保

外国税額控除制度を採用し,かつ,居住地国の立場から見て,国内の税収

---

[10] なお,A 社の 100 の追加的所得を国内支店で得たとすると,A 社全体の税額は 90 です。

を確保するにはどうすればよいでしょうか。

　居住地国の税収の確保策としてまず考えられるのは，税額控除に一定の上限（控除限度枠）を設けることです。この場合，限度枠をどのように仕組むかが重要です。1つの方法として，その企業の全世界所得に居住地国の税法を適用して法人税額を算出し，その税額に全世界所得に占める国外所得の比率を乗じて得られた金額を限度枠とすることが考えられます。これを計算式で示すと下記のとおりです。

$$控除限度枠 = 法人税額 \times \frac{国外所得}{全世界所得}$$

図表4-4の数値を入れてみましょう。

$$30 = 90 \times \frac{100}{300}$$

　すなわち，控除限度枠は30となります。したがって，居住地国での外国税額控除の金額は，外国税額の40ではなく控除限度枠の30となり，A社の居住地国での納税額は60となります。A社の税負担は，全体で100となります。

　A社から見ると，国内に支店を設けた場合と比べ不利となります[11]。ただし，源泉地国で活動を行っている他の企業との比較では，税負担の割合は同一となっています。

(3) 控除限度枠とタイミング

　国外所得の発生時期と外国税の納税義務の成立時期は必ずしも同一ではありません。国により制度が異なっている可能性もあります。そのため，外国税額控除に控除限度枠を設けると，本来なら利用できる外国税額控除が利用できなくなる場合があります。そこで，国外所得の発生と外国税の発生のタイミングのズレを考慮して，控除余裕枠と控除超過額の年度間での流用を認

---

[11] 企業が国外に進出する国の選択において，相手国の税率が国内の税率と比べて高いか低いかは，重要な判断要素の1つです。

めることが必要となります。

　図表4-4の場合で考えてみます。Y国では，2015年に発生した所得100について法人税が課されるのは翌年の2016年であるとします。そうすると，2015年に発生する控除枠30は利用されません。2016年に外国税額30を納付しますが，今度は控除枠の余裕がありません。この場合，2015年の控除の余裕枠を2016年に繰り越すことを認めることではじめて税額控除が可能となります。

　わが国では，後述のとおり，余裕枠と超過額の双方の3年の繰越しが認められています。なお，アメリカでは控除額の1年の繰戻しと10年の繰越しが認められ，イギリス，ドイツ，フランスでは原則として繰越しは認められていません。

3. 国外の税率が低いケース

　次に，源泉地国の税率が居住地国の税率よりも低いケースを考えてみます。現在のように世界的に法人税率の引下げ競争が起こっている時代に，こうした状況は珍しくありません。

　ここで，源泉地国の法人税率を20%と仮定します。

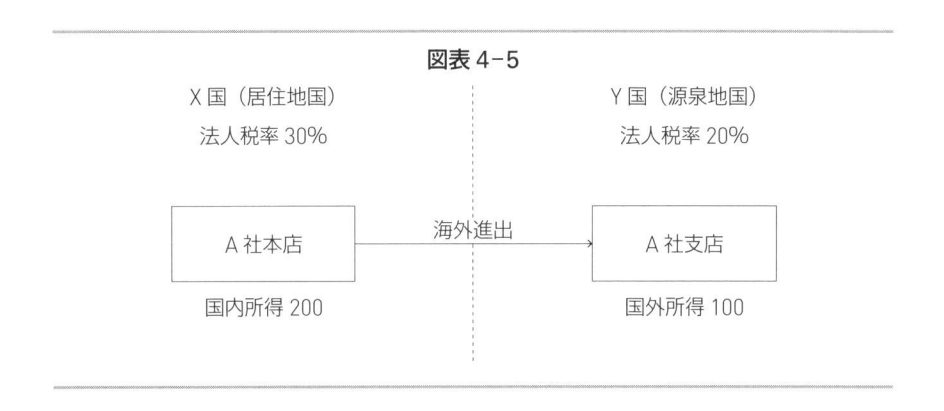

図表4-5

X国（居住地国）		Y国（源泉地国）
法人税率30%		法人税率20%
A社本店	→海外進出→	A社支店
国内所得200		国外所得100

源泉地国での税額は20（100 × 20%）です。

居住地国での税額は，外国税額控除制度を採用している場合には，全世界所得300に対して税率30%を乗じて得られた90から源泉地国での外国税額20を税額控除した結果として70となります。したがって，A社全体としての税負担は90（70 + 20）となります。

これに対して，国外所得免除方式を採用している場合には，源泉地国での税額20と居住地国での税額60を合計し，A社全体の税額は80となります[12]。

A社の立場から見ると，外国税額控除方式は国外所得免除方式よりも不利となりますが，国内支店と国外支店との比較では同一の結果となります。これは，外国税額控除の仕組みに**資本輸出国の中立性**を確保する機能があることを示しています。A社にとっては，支店を国内に設けるかそれとも国外に設けるかで税負担に変動はありません。

これに対して，国外所得免除方式の仕組みには**資本輸入国の中立性**を維持する機能があるといわれています。源泉地国での税負担が源泉地国の他の企業と同一となるからです。

なお，進出先が**タックス・ヘイブン**のような法人税が課されていないかあるいは著しく低税率の国や地域である場合には，居住地国が国外所得免除方式を採用することは租税回避行為の機会を生じさせることになります。

4. 複数の外国に進出する場合

外国税額控除方式を採用した場合において居住地国が検討すべき重要事項の1つは，企業が複数の外国に進出している場合の控除限度枠の仕組みをどうするかです[13]。

---

[12] なお，A社の支店が国外ではなく国内にあると仮定すると，A社全体の負担は90となります。
[13] これは，居住地国の税収確保の要請と企業側の税負担軽減の要請との間でトレードオフの関係となります。

図表 4-6

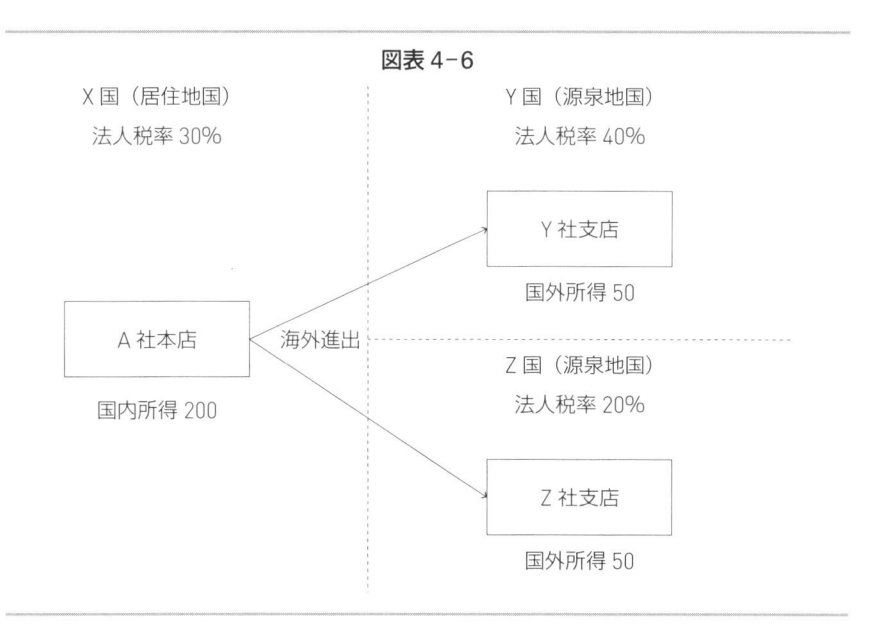

X国（居住地国）　　　　　　　　Y国（源泉地国）
法人税率 30%　　　　　　　　　法人税率 40%

```
                      ┌─────────┐
                      │ Y社支店  │
                    ↗ └─────────┘
                       国外所得 50
┌─────────┐
│ A社本店 │ 海外進出  ─────────────
└─────────┘       Z国（源泉地国）
                  法人税率 20%
国内所得 200        ↘ ┌─────────┐
                      │ Z社支店  │
                      └─────────┘
                       国外所得 50
```

　企業が複数の外国で事業を行っている場合の控除限度枠の仕組みとしては，控除枠を一括で計算するかそれとも国別で計算するかの2つの方式が考えられます。前者は，国と国の間で彼此流用（ひしりゅうよう）を認めるものです。

　ここで，基本パターンを変更し，図表4-6のとおり，A社が税率40%のY国で50の所得を取得し，税率20%のZ国で50の所得を取得したと仮定します。

(1) 一括限度額方式

　一括限度額方式とは，控除限度枠の計算を国別ではなく全体として行うものです。

　図表4-6では，源泉地国であるY国の国内所得50と同じく源泉地国であるZ国の国内所得を合算して100が国外所得となります。Y国の外国税額は20（50 × 40%）で，Z国の外国税額は10（50 × 20%）で，合計30となります。

　A社の外国税額控除適用前の法人税額は，全世界所得300に法人税率30%を乗ずることで求められ，90となります。

A社の控除限度枠は，この法人税額にA社の全世界所得（300）のうちの国外所得（100）の占める割合を乗ずるので，30（90×100／300）です。外国税額の合計は30（20＋10）であり，外国税額の全額が控除可能です。

したがって，A社の居住地国での法人税額は，60（90－30）となり，A社の国外支店を含めた全体の税負担は，90（60＋20＋10）となります。

(2) 国別限度額方式

国別限度額方式とは，国ごとに控除枠を設けるものです。

Y国については，国外所得が50ですので，その控除限度額は，外国税額控除前のA社の法人税額90にY国での所得50の全世界所得に占める割合を乗ずることで得られ，15（90×50／300）となります。Y国での外国税額は20ですが，控除できるのは15に制限されます。

Z国についても，控除枠は同様に計算され15となります。Z国の外国税額は10であることから，全額の税額控除が認められます。

Y国とZ国を合計した控除可能額は25となります。

A社の居住地国での納税額は65（90－25）となり，一括限度額方式の場合よりも増加しています。A社の外国税額を含む全体の税負担は95（65＋20＋10）に増加しています。

(3) 2つの方式の比較

ここで，一括限度額方式と国別限度額方式を比較してみましょう。

国別限度額方式では，Y国では外国税額が控除枠を超過し外国税額5が控除できず，逆に，Z国では控除枠が5だけ残っています。結果的に，外国税額控除は5だけ減少し，居住地国の税収が増加しています。A社から見ると，税負担の増加となっています。

一括方式では，Y国で控除できなかった外国税額5がZ国の控除枠の残り5を使用することで控除可能となっています。これが**彼此流用**です。

納税者の立場からは一括限度額方式が望ましいといえます。なお，ドイツやフランスでは国別限度額方式が採用されています。

(4) 所得項目別限度額方式

一括限度額方式や国別限度額方式とは異なる観点から控除限度枠を設けることも考えられます。代表例として，**所得項目別限度額方式**があげられます（アメリカやイギリスがこの方式を採用しています。）。

これは，所得の種類によって税負担が大きく異なることに着目したものです。収入から経費を控除した差額に税率を乗じて税額を算出する事業所得などの**能動的所得**と経費を控除せずに源泉徴収の方法で収入金額に直接に税率を適用して税額を算出する配当や利子などの**受動的所得**とでは税負担の割合に大きな差異を生ずることがあり，両者を区分して扱うことには一定の合理性があると思われます。

5. 子会社形態で進出する場合

(1) 外国子会社の二重課税

国外進出において支店ではなく子会社を設けて活動を行った場合に，国際的二重課税の排除は必要でしょうか。

子会社は親会社とは別人格ですので，原則として，二重課税の問題は生じないといえます。しかしながら，子会社が税引き後の所得を親会社に配当として送金すると，その配当は親会社の居住地国で再び法人税の課税対象となります。そうすると，支店で経済活動を行った場合と比較すると，全体として税負担が重くなります。

こうした子会社と親会社という異なる課税主体の税負担について両社を一体とみて生じた税負担を問題とする場合には，こうした二重課税のことを**経済的二重課税**といいます。これに対して，本社が直接に国外で取引をする場合や国外支店が国外で所得を得た場合に発生する税負担を問題とする場合には，同一の課税主体の同一の所得の二重課税を問題としていることから，こうした二重課税のことを**法的二重課税**といいます。

ここで，支店で進出する場合と子会社で進出する場合の税負担を比較してみましょう。

子会社の形態で進出した場合の設例は図表4-7のとおりで，支店であった

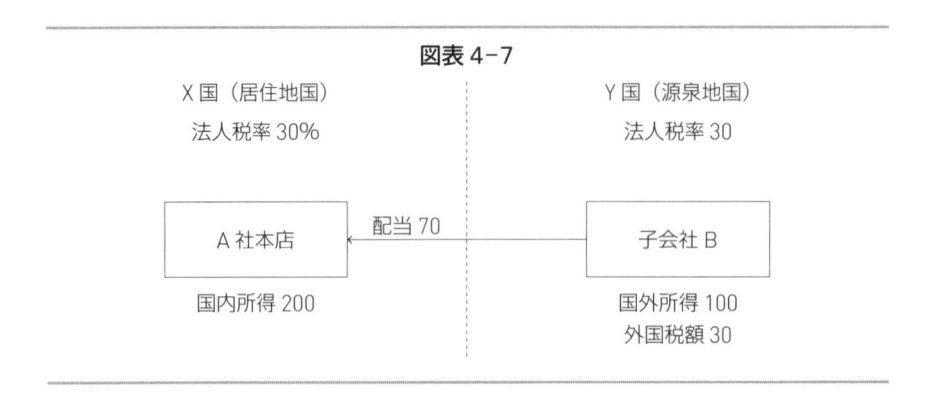

ものを子会社に置き換えたものです。

図表 4-7

X国（居住地国）　　　　　　　　　Y国（源泉地国）
法人税率30%　　　　　　　　　　　法人税率30

A社本店　←配当70―　子会社B

国内所得200　　　　　　　　　　　国外所得100
　　　　　　　　　　　　　　　　　外国税額30

A社の外国子会社であるB社（A社がB社の持分の100%を所有していると仮定します。）は，Y国で居住者（内国法人）として法人税の対象となります。所得は100で税率は30%ですから，法人税額は30となります。この段階で，親会社であるA社は無関係です。A社とB社は別個の法人として課税されます。A社は，所得200で税率30%ですので，法人税額は60です。A社とB社を1つの企業グループと見ると，グループ全体の税負担は90（60 + 30）となっています。

ここで，B社が税引き後の所得を配当として親会社に送金したと仮定します[14]。

A社が外国子会社から受け取った配当70は，居住地国で所得として課税対象となります[15]。したがって，追加的に21（70 × 30%）の課税が発生します。A社は配当を含めると81（60 + 21），グループ全体で111（81 + 30）の税負担となります。法的二重課税ではありませんが，経済的二重課税となっ

---

[14] なお，この配当に源泉地国であるY国でA社を対象とした源泉徴収税が課される可能性があります。この税はすでに述べた直接外国税額控除の問題であり，ここでは取り上げないこととします。

[15] わが国では受取配当益金不算入制度が適用されていますが（法法23条，法法23の2）。

ています。これは，配当部分が二重に課税されていることを示しています。

Y国に支店形態で進出して活動を行った場合と比較すると，支店では，こうした追加的な課税は発生しません[16]。したがって，子会社での国外進出は支店よりも課税上不利となり，企業の経営判断を歪めることになります。したがって，こうした歪みを是正する必要性がありますが，その方法の1つが間接外国税額控除であり，もう1つが外国子会社からの受取配当の課税免除です[17]。

(2) 間接外国税額控除

間接外国税額控除とは，親会社が子会社からの配当を受け取った場合に，その配当がすでに源泉地国で法人税の課税を受けたものであることを考慮し，外国税額控除の対象に含めるものです。すなわち，子会社を支店と同様に扱います。

配当を受け取った親会社A社は，子会社Bが納税する前の所得100（配当70＋税30）を国外所得とし，子会社が納付した法人税額30を外国税額とします。そうすると，A社の外国税額控除は控除枠が30で外国税額が30となります。A社の納税額は，60（300×30％－30）となります。グループ全体でも90であり，支店で進出した場合の税額と同額です。

ただし，居住地国と源泉地国で税率が異なる場合には，状況が変わります。特に，源泉地国の税率が居住地国の税率よりも低い場合が問題です。

図表4-8は，源泉地国の税率が20％と，居住地国よりも低い場合を示しています。

---

[16] なお，課税のバランスを図るために支払配当に支店税を課税している国もあります。
[17] 欧州では，一般に，資本参加免税の制度により親子会社間での二重課税の排除が図られています。

図表4-8

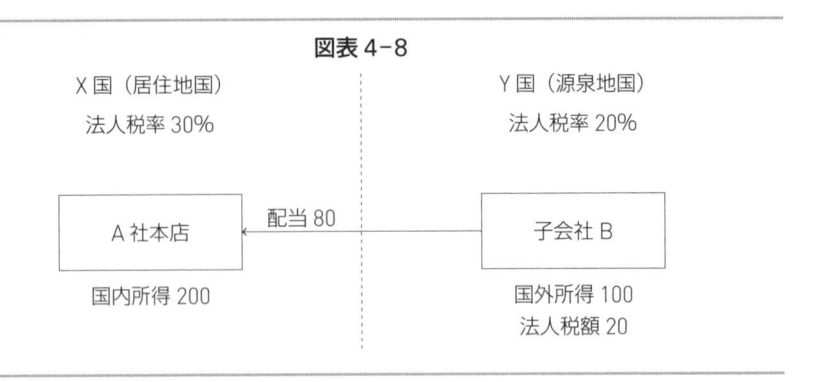

X国（居住地国）　　　　　　　　Y国（源泉地国）
法人税率30%　　　　　　　　　法人税率20%

A社本店　←配当80―　子会社B

国内所得200　　　　　　　　　国外所得100
　　　　　　　　　　　　　　　法人税額20

　A社が税額控除できる金額は20であることから，A社の納付税額は70（300×30%－20）となり，配当を受け取ったことで追加的な税額10が発生します。この追加税額は，国外所得100に源泉地国と居住地国の税率差10%（30%－20%）を乗じた金額です。

　したがって，間接外国税額控除が適用されたとしても，源泉地国の税率が居住地国よりも低い場合には，税引き後利益を居住地国に送金せず，源泉地国に留保しておきたいとのインセンティブが働きます[18]。

　アメリカは現在でも間接税額控除方式を採用しています。

(3) 外国子会社からの配当の免税

　外国子会社から送金された配当を居住地国で免税とする方法が考えられます。この場合，図表4-8のように子会社から親会社に配当が支払われても，居住地国でこれを免税とするので，追加的な税負担は発生しません。したがって，外国子会社が親会社に配当するか否かの判断に影響を与えることはありません[19]。

　さらに，国外所得を免除する方式は，間接外国税額控除と比較すると，企

---

[18] なお，源泉地国の税率が居住地国の税率よりも高い場合には，居住地国の控除枠の仕組みにより結果が異なることになります。

[19] ただし，相手国が支払配当について経費としての取扱いを認めている場合には，親会社が受取配当を免税とすると二重控除の問題が発生します。

業にとって事務負担の軽減になるといわれています。

　後述のとおり，わが国は外国子会社からの配当について益金不算入方式を採用しています。なお，イギリス，ドイツ，フランスでも同様の方式が採用されています。

6. 制度設計のあり方

　本節では，国際的な二重課税が発生する状況とその排除の方法についてみてきました。

　国際的二重課税の排除の制度は，企業活動に対する課税の中立性の確保と居住地国の税収の確保という2つの要請に応えようとするものです。

　企業の国際的な事業展開や課税戦略の観点からは，各国の制度を十分に研究し，二重課税排除の仕組みを効果的に利用することが重要です。

　税収の確保という居住地国の立場からすると，投資所得のような源泉地国で高率の課税を受ける可能性のある所得には国外所得免除方式を適用し，事業所得のように源泉地国で高率の課税を受ける可能性の小さい所得には外国税額控除を適用するのが合理的です。また，外国税額控除方式を選択した場合であっても，控除限度枠を適切に設定すれば居住地国の税収の減少を防止することが可能です。

　いずれの方式にも長所と短所があり，また，国際環境の変化に伴い要請される内容も異なってきます。企業の国外進出を支援するなど政策的な側面も否定できません。わが国が資本輸入国である時代と資本輸出国である時代では，必要とされる制度も異なるでしょう。さらには，企業の国際的な事業活動に対する支援や外国税額控除を利用した租税回避行為の防止なども考慮に入れる必要があります。

III　わが国の国際的二重課税の排除の経緯

　わが国は，これまで，国際的な二重課税の排除にどのように取り組んできたのでしょうか。その経緯を簡単に振り返ってみます。

1953 年	外国税額控除制度が導入されました。直接外国税額控除のみが認められ，控除限度枠として国別限度額方式が採用されていました。
1962 年	抜本的な制度改正が行われ，間接外国税額控除が導入されています。さらに，控除限度枠として，国別限度額方式に加えて，一括限度額方式が選択肢として追加されています。
1963 年	控除限度枠が一括限度額方式に一本化されました。また，控除限度枠に繰越制度（5年間）が導入されました。
1988 年	非課税所得の2分の1を国外所得の計算から除外することとされたほか，控除対象外国法人税から外国法人税の高率部分が除外されました。また，控除限度枠の繰越期間が5年間から3年間に短縮されています。
1992 年	間接外国税額控除の範囲が外国孫会社にまで拡大されました。また，非課税所得の国外所得からの除外割合が2分の1から3分の2に拡大されました。
2001 年	外国法人税から，通常行われると認められない取引に係る外国税額が除外されました。
2009 年	外国子会社配当益金不算入制度が導入され，これに伴い，間接外国税額控除制度が廃止されました。
2011 年	非課税所得が国外所得から完全に除外されました。
2014 年	国外源泉所得が積極的に定義されたほか，外国法人の国内支店の所得計算に帰属主義が導入されたことに伴い，外国法人の国内支店にも外国税額控除が認められることになりました（適用開始は2016年4月）。

Ⅳ 外国税額控除制度

わが国の現行の外国税額控除制度について説明します。

1. 外国税額控除制度を定めた規定

法人税法69条が外国税額控除に関する基本的事項を規定しています。

まず，1項は外国税額控除の全体の仕組みについて規定しています。2項と3項はタイミングのズレに対処するための外国法人税と控除限度枠の繰越しについて規定しています。4項は連結納税の場合の外国税額控除について規定しています。5項から7項は組織再編との関連について規定しています。8項は外国法人税が減額された場合について規定しています。9項は公益法人等および人格のない社団等の取扱いについて規定しています。10項以下は申告要件などについて規定しています。

2. 全体の仕組み

(1) 外国税額控除の概要

外国税額控除の仕組みを規定しているのは法69条1項です。この1項はわが国の制度を理解する上で重要な規定です。括弧書きが多く複雑なので，括弧書きを除いたところで以下に引用します。

「内国法人が各事業年度において外国法人税を納付することとなる場合には，当該事業年度の所得の金額につき第66条第1項から第3項までの規定を適用して計算した金額のうち当該事業年度の所得でその源泉が国外にあるものとして政令で定めるところにより計算した金額を限度として，その外国法人税の額を当該事業年度の所得に対する法人税の額から控除する。」

(2) 控除限度額

控除限度額の計算の仕組みを詳しく見ていくと，次のとおりです。

まず，内国法人が外国法人税（A）を納付していることが前提です。なお，外国法人税とされる税の範囲は，後述のとおり政令で規定されています（法令141）。

次に，当該事業年度の所得（B）を求めます。なお，当該事業年度の所得は，法21条から65条に従って計算します。

次に，法66条の1項から3項までの規定により，当該事業年度の法人税額（C）を求めます。なお，1項では法人税率が23.9%であること，2項では中小法人の所得の一部に軽減税率の19%が適用されること，3項では公益法人等や協同組合等には軽減税率の19%が適用されることが規定されています[20]。

　次に，当該事業年度の所得でその源泉が国外にあるものとして政令142条で定めたところにより計算した金額（D）を求めます。この金額が国外所得金額となります。

　以上を整理すると，内国法人に認められる外国税額控除の金額は，外国法人税（A）のうち，控除限度額（E＝C×D／B）を上限とした金額となります。

　なお，AからEまでの意味は次のとおりです。

外国法人税	A	政令141条で規定
所得金額	B	法21条から65条で計算（全世界所得）
法人税額	C	＝B×法人税率（法66条1項から3項）
国外所得金額	D	政令142条で計算（国外源泉所得）
控除限度額	E	政令142条で計算（C×D／B）

　以上のとおり，わが国が採用しているのは一括限度額方式です。その上で，この仕組みが租税回避に利用されるのを防止するために，以下で見るとおりさまざまな制約が設けられています。

(3) 外国法人税の範囲

　外国税額控除の対象となる外国法人税の具体的な範囲は，下記のとおりです。

　まず，外国またはその地方公共団体により課される税のうち次のものが外

---

[20] 税率は税制改正により変動します。

国法人税に含まれることになっています（法令141①，②）。
　一　超過利潤税その他法人の所得の特定の部分を課税標準として課される税
　二　法人の所得またはその特定の部分を課税標準として課される税の附加税
　三　法人の所得を課税標準として課される税と同一の税目に属する税で，法人の特定の所得につき，徴税上の便宜のため，所得に代えて収入金額その他これに準ずるものを課税標準として課されるもの
　四　法人の特定の所得につき，所得を課税標準とする税に代え，法人の収入金額その他これに準ずるものを課税標準として課される税

　次に，下記のものが外国法人税から除外されることになっています（法令141③）。
　一　税を納付する者が，当該税の納付後，任意にその金額の全部または一部の還付を請求することができる税
　二　税の納付が猶予される期間を，その税の納付をすることとなる者が任意に定めることができる税
　三　複数の税率の中から税の納付をすることとなる者と外国もしくはその地方公共団体またはこれらの者により税率の合意をする権限を付与された者との合意により税率が決定された税（当該複数の税率のうち最も低い税率を上回る部分に限る。）
　四　外国法人税に附帯して課される附帯税に相当する税その他これに類する税

(4)　外国税額控除の対象とならない外国法人税の額

　所得に対する負担の割合が高率の部分とされる外国法人税の額（ネットの所得に課税される税については35%を超える部分，グロスの収入に課税される税については10%を超える部分）は，外国税額控除の対象外とされています（法69①括弧書，法令142の2①，②）。なお，ここでの35%という税

率は，わが国の国税と地方税をあわせた実効税率に相当する水準です。

以上のほか，特に有利な条件であると認められる金銭の貸付などの取引も対象外とされています（法令142の2⑤）。

(5) 国外所得金額

控除限度額は内国法人の各事業年度の所得に対する法人税の額に当該事業年度の所得金額のうちに当該事業年度の国外所得金額の占める割合を乗じて求められますが（法令142条①），**国外所得金額**とは，法138条に規定する国内源泉所得以外の所得であるところの**国外源泉所得**とされています（法令142③）[21]。

なお，外国法人税が課されない国外源泉所得がある場合には，この金額を国外源泉所得から控除することになっています（法令142③括弧書き）。これは，控除限度額が国外で非課税所得を得ることで大きくなるのを防止しようとしたものです。

さらに，国外源泉所得が当該事業年度の所得金額の100分の90を超える場合には，100分の90に相当する金額に減額されます（法令142③ただし書き）。これは，国内での最低限の課税を確保しようとしたものです。

(6) 租税回避事件への対応

以上に見たとおり，わが国の外国税額控除制度は，基本的には一括限度額方式を用いているものの，対象となる外国法人税の範囲や控除限度額の計算においてさまざまな制約を設けています。こうした制約の多くは，重大な租税回避事件を契機として導入されたものです。

最高裁で取り上げられた代表的な事件を2つあげておきます。

---

[21] なお，2014（平成26）年度税制改正により国外源泉金額は，国内源泉所得以外の所得と消極的に定義するのではなく，新たな規定を設けて積極的に定義するものとされており（新法法69④），新たな定義は2016年4月1日より適用されます。

①大和銀行事件

　日本の銀行が国外支店で預金の受入れと貸付けを行っていたところ，貸付金利子に課される外国法人税が貸付によって得られる手数料収入を上回っていたという事案であり，税務署長が外国税額控除の適用を否認したことの当否が争われました（最判平成17年12月19日民集59巻10号2964頁）。最高裁は，こうした外国法人税を控除余裕枠を利用して外国税額控除の対象とすることは外国税額控除制度を濫用するものであるとして，税務署長が行った更正処分を是認しています。

②ガーンジー島事件

　チャネル諸島のガーンジー島では納税者が税率を0%から30%の範囲で自由に選択できる法人所得税を適用していましたが，こうした税が外国税額控除の対象となる法人税に該当するか否かが争われたものです（最判平成21年12月3日民集63巻10号2283頁）。最高裁は，納税者が税率を選択できる税であっても外国法人税に該当することを否定することはできないとして，課税処分を取り消しています。

　なお，こうした税は，現在では，外国税額控除の対象外とされています（法令141③三）。

3. 控除余裕枠と超過額の繰越し

　国外所得の発生と外国法人税の納付のタイミングのズレを考慮して，控除限度額の余裕枠と超過額のそれぞれに3年間の繰越しが認められています。

　すなわち，外国法人税額が控除限度額（地方税にも外国法人税の控除限度額が設けられており，国税と地方税の控除限度額を合算した金額を指します）を超える場合であって，前3年内に繰越控除限度額（控除余裕額）がある場合には，その超える金額を，繰越控除限度額を限度として控除することができます（法法69②）。

　また，外国法人税の額がその事業年度の控除限度額に満たない場合において，前3年内に繰越控除対象外国法人税額（控除超過額）があるときは，当

該控除限度額からその繰越控除対象法人税額を控除することができます（法法69③）。

4. みなし外国税額控除

　みなし外国税額控除については，国内法に規定はありませんが，タイやフィリピンなど発展途上国との間の租税条約の一部において認められています。
　これは，発展途上国において先進国からの投資や企業の進出を促すために租税優遇措置を適用し進出企業の税負担を軽減しても，企業が居住地国において減額された外国法人税に相当する金額が外国税額控除の仕組みの中で税負担が増加し，優遇措置としての効果が失われることを防止しようとするものです。すなわち，優遇措置の適用がなかったものと見なして外国法人税の計算を行います。
　例えば，内国法人であるA社は，発展途上国で100の国外所得を得て，源泉地国の標準税率30%で課税されるところ，優遇措置により10%の軽減税率が適用されたとします。この場合，源泉地国での納付税額は，30ではなく10となります。ところが，居住地国での外国税額控除の金額が30から10に減額されることから，居住地国で20の追加的な納税が必要となります。したがって，源泉地国と居住地国の合算の税額は30となり，発展途上国の優遇措置は効果を発揮しません。ところが，みなし外国税額控除を適用すると，A社は30の納税を行ったものとして外国税額控除を受けることができます。その結果，源泉地国と居住地国との合算での税負担は10に軽減されることになります。
　この制度は，実質的には発展途上国への経済支援としての意義を有していますが，進出企業の税負担が軽減されるだけでなく，発展途上国による不当な利用も予想されることから，現在は縮小の方向にあります。

5. 個人の場合の外国税額控除

　個人の場合にも，その者に国外源泉所得があり，外国所得税が課されている場合には，外国税額控除が認められます（所法95）。

その仕組みは，法人の場合とほぼ同様であり，控除限度額の範囲内で，外国で納付した外国所得税を税額控除することが認められます。控除限度額も，所得税額にその年分の全世界所得に国外源泉所得の占める割合を乗じて求めます。また，控除余裕枠と控除超過額の3年間の繰越しも認められます。

> ### [column 4] 外国法人の国内支店の外国税額控除
>
> これまで，外国税額控除が認められるのは内国法人に限られていましたが，2014年度税制改正により，2016年4月からは外国法人の国内支店にも認められることになりました（新法法144の2）。これは，外国法人が課税される所得の範囲の改正を反映したものです。
>
> 従来，外国法人の国内支店については，国内源泉所得のみを課税対象としていたことから，外国税額控除の対象外とされていました。ところが，OECDでの議論を踏まえた税制改正により，従来の**総合主義**が**帰属主義**に置き換わり，外国法人の国内支店に帰属する所得（**恒久的施設帰属所得**）については，第三国で得た所得であっても課税所得に含めることとされました。したがって，外国法人の国内支店が第三国で所得を得た場合には，その所得が第三国でも課税されていたとすると，国際的な二重課税が発生します。
>
> こうした事情を踏まえ，外国法人の国内支店にも外国税額控除が認められることとなったものです。
>
> **図表 4-9**

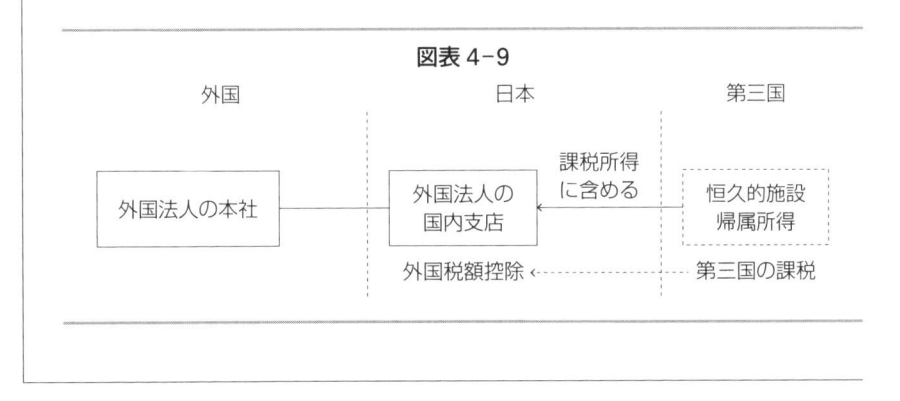

Ⅴ 外国子会社配当益金不算入制度

1. 制度の概要

　わが国の外国子会社配当益金不算入制度は，対象を限定した国外所得の免除であり，2009年に導入されています[22]。これは，内国法人が外国子会社から配当を受け取った場合に，その配当を益金不算入とするものです。

　この制度は法人税法23条の2に基づいており，その基本的な仕組みは1項が規定しています。1項は括弧書きが多く複雑なので，括弧を外して以下に引用します。

　「内国法人が外国子会社から受ける前条第1項第1号に掲げる金額がある場合には，当該剰余金の配当等の額から当該剰余金の配当等の額に係る費用の額に相当するものとして政令で定めるところにより計算した金額を控除した金額は，その内国法人の所得の金額の計算上，益金の額に算入しない。」

2. 対象となる配当

　対象となるのは法23条第1項第1号に掲げられた配当とされており，括弧書きを除くと，次のとおりです。

　「剰余金の配当若しくは利益の配当又は剰余金の分配の額」

　なお，2015（平成27）年度改正により，相手国で損金算入の対象とされている配当は，益金不算入の対象から除外することとされています。この措置は，いずれの国でも課税されない所得の発生を防止しようとしたものです。

3. 対象となる外国子会社

　外国子会社がこの制度の対象となるための要件は，内国法人がその持分の

---

[22] なお，この改正にあわせて間接外国税額控除制度が廃止されています。

25％以上を所有していることです（法法23条の2①括弧書き）。ただし，租税条約にこれより有利な定めがある場合には，租税条約が定める割合が適用されます（法令22の4⑤）。例えば，日米租税条約が適用される場合には，持分割合が10％以上の外国子会社が対象となります。

4. 5％控除の意味

なお，受取配当の全額が益金不算入となるのではなく，費用の額として政令で定める金額を控除した残額が益金不算入とするものとされ，政令はこの金額を受取配当の5％相当額と定めています（法令22の4②）。

なぜ，受取配当の全額ではなく，5％控除後の金額が益金不算入とされるのでしょうか。それは，親会社にとって子会社から配当を受け取るためには費用が掛かっていたはずであり，そうした費用もなかったことにするためです。

例えば，100の収入を得るのに収入の5％相当額の費用が必要であったとします。ここで得られる所得を免税とする場合，100の収入を益金不算入とするだけではなく，5の費用も損金不算入にする必要があります。同一の結果は，収入100から5％相当額の費用5を控除した差額95を益金不算入とすることで得られます。

なお，費用の割合は収入金額の5％相当額とされていますが，この割合に特別の根拠はなく，各国の例に倣ったものといわれています。

第5章

外国子会社合算税制

I 外国子会社合算税制（タックス・ヘイブン対策税制）の沿革と趣旨

1. 沿革

　税制調査会は「昭和53年度の税制改正に関する答申」において「近年経済の国際化に伴い，いわゆるタックス・ヘイブンに子会社等を設立し，これを利用して税負担の不当な軽減を図る事例が見受けられる。このような事例は，税負担の公平の見地から問題のあるところであり（中略）昭和53年度において所要の立法措置を講ずることが適当である」と述べています。この税制調査会の答申や諸外国の動向等（アメリカは1962年，ドイツは1972年，フランスは1974年に導入）を踏まえて，1978（昭和53）年，法令で規定する外国法人の一定の所得を居住者・内国法人の収益の額と見なす**外国子会社合算税制（タックス・ヘイブン対策税制）**が創設されました。

　その後の主な改正の経緯は，以下のとおりです。

　1992（平成4）年の税制改正により本制度の対象となる軽課税国・地域（いわゆるタックス・ヘイブン）を指定する方式から一定の実効税率を基準として本制度の対象となる法人（特定外国子会社等）を個々に判定する方式とさ

れました。軽課税国・地域の指定が適宜・適切に実施されないことによる課税漏れや不公平への対処のためなどが改正された理由です。

　2009（平成21）年に外国子会社配当益金不算入制度の創設に伴い，その制度との調整のため外国子会社合算税制は，概要次のように改正されました。

　①特定外国子会社等が（日本法人であるとしたら）外国子会社配当益金不算入制度の適用要件を満たすその特定外国子会社等に係る子会社から受ける剰余金の配当等の額は，基準所得金額（後述，Ⅳ 1）から控除します。

　②特定外国子会社等が内国法人等に支払う剰余金の配当等の額は，適用対象金額（後述，Ⅳ 2）から控除されません。

　これまでは，特定外国子会社等が内国法人等に支払う剰余金の配当等の額を未処分所得の金額から控除して適用対象留保金額を算出していましたが，外国子会社からの剰余金の配当等の額は益金不算入となりましたので，基準所得金額から特定外国子会社等が内国法人等に支払う剰余金の配当等の額を控除することなく適用対象金額を算出することとなりました。

　2010（平成22）年には，国外に進出する企業の事業形態の変化や租税回避行為をいっそう的確に防止する観点から次のような改正が行われました。

　①適用除外要件の事業基準に関し，特定外国子会社等のうち統括業務を行う統括会社（事業持株会社）については，「株式等の保有を主たる事業とするもの」から除かれています。

　②適用除外要件の非関連者基準に関し，卸売業を主たる事業とする統括会社（物流統括会社）が被統括会社との間で行う取引については，関連者取引に該当しないものとされました。

　③特定外国子会社等が適用除外要件を満たす場合であっても一定の資産性所得を有する場合には，外国子会社合算税制が適用されることとなりました。

　これまでは，法人自体に着目し，特定外国子会社等に該当すれば（適用除外要件にあたらないかぎり）所得の種類にかかわらず外国子会社合算税制が適用されていました。このことをエンティティー・アプローチ（entity approach）といいます。この改正では，所得の性質に着目し，特定外国子会社等が一定の資産性所得（主として，事業基準に関連するもの）を有する場合には，外国子会社合算税制を適用するものであり，**インカム・アプローチ**（income approach）といいます。したがって，日本の現行の外国子会社合算税制は，エンティティー・アプローチとインカム・アプローチを併用していることとなります。

2. 趣　旨

　外国子会社合算税制の趣旨は，その創設時の税制調査会の「昭和53年度の税制改正に関する答申」によれば「いわゆるタックス・ヘイブンに子会社等を設立し，これを利用して税負担の不当な軽減を図る」ことは，「税負担の公平の見地から問題のあるところ」と指摘しています。この「税負担の不当な軽減」の意味するところとして，本来，株主である内国法人等に支払うべき剰余金の配当等が外国子会社に留保されることは，課税繰延であるとする考え方があります。外国子会社合算税制は，課税繰延を防止するための制度ということになります。一方，タックス・ヘイブンに設立された外国子会社を利用して税負担の不当な軽減を図ることは，租税回避であるとする考え方があります。すなわち，タックス・ヘイブンに設立された外国子会社を利用しなければ内国法人等の収益の額となるべきものが税負担の不当な軽減を図るためタックス・ヘイブンに設立された外国子会社を利用することによって付け替えられていると考えるものです。この場合，外国子会社合算税制は，租税回避を防止するための制度ということになります[1]。

　例えば，税制調査会の2002（平成14）年の「あるべき税制の構築に向けた基本方針」において「外国子会社合算税制（いわゆるタックス・ヘイブン税制）は，所得の国外留保による課税繰延を防ぐことによりわが国の課税ベースを確保する機能を有しており」と述べているのは，前者の考え方に基づくものと考えられます。しかしながら，2009（平成21）年に外国子会社配当益

---

[1] 金子宏『租税法（第20版）』弘文堂，2015年，544頁。

金不算入制度が創設されてからは、課税ベースを確保（課税権の確保）するという立場は同じであっても外国子会社合算税制を課税繰延防止の立場から説明するのは難しいところがあります。

タックス・ヘイブンとは何かについて、税制調査会の「昭和53年度の税制改正に関する答申」は、「いわゆるタックス・ヘイブンとしては、法人税が全くないか若しくはわが国法人税に比しその実効税率が著しく低い国または国外源泉所得を非課税としている国等を対象とする。」としています。

OECDでは、1998年の有害税制報告書（HARMFUL TAX COMPETITION An Emerging Global Issue）において、タックス・ヘイブンの判定基準を次のように説明しています。

必ず必要な条件としては、①無税もしくは名目的な課税。

その他の条件としては、②実効的情報交換の欠如、③税制や税務行政上の規定についての透明性の欠如、③その国や地域での活動が実質的であるかどうかは要求されていないことがあげられています。

II 外国子会社合算税制の対象となる外国法人

外国子会社合算税制の対象となる外国法人の範囲については、次のような外国関係会社のうち特定外国子会社等に該当するものが対象とされています（措法66の6①②、措法40の4①②）。

1. 外国関係会社

外国関係会社とは、居住者、内国法人および特殊関係非居住者が発行済株式等（自己株式等を除きます。）の50％超を直接および間接に保有している外国法人をいいます（措法66の6②一、措法40の4②一）。

特殊関係非居住者とは、居住者または内国法人と次のような特殊の関係のある非居住者をいいます（措令39の14③）。

①居住者の親族
②居住者と事実上婚姻関係と同様の事情にある者

③居住者の使用人
④居住者から受ける金銭その他の資産によって生計を維持している者
⑤②～④に掲げる者と生計を一にするこれらの者の親族
⑥内国法人の役員およびその役員に係る特殊の関係のある者（親族，事実上婚姻関係と同様の関係にある者，生計の支援を受けている者およびこれらの者の親族）

　間接に保有している外国法人の株式等の数は，内国法人等により所有されている他の外国法人対する持株割合にその他の外国法人の対象となっている外国法人対する持株割合を乗じて計算されます。間接保有の株式等の数は，順次，掛算方式で計算されることとなります（措令39の16③）。

2．特定外国子会社等

　特定外国子会社等とは，次の要件のいずれかに該当する外国関係会社をいいます（措法66の6①，措法40の4①，措令39の14①②）。
①法人の所得に対して課される税が存在しない国または地域に本店または主たる事務所を有する外国関係会社
②その事業年度の所得に対して課される租税の額がその所得の金額の20％未満である外国関係会社

　その事業年度の所得の額に対する租税の額の割合（いわゆる実効税率）を**トリガー税率**といっています（外国子会社合算税制が適用されるか否かの基準となることから）。このトリガー税率は，軽課税国・地域の指定制度を廃止した際に導入され，その当時のわが国の法人の所得に係る実効税率に対する約50％の割合を参考として25％以下とされていましたが，諸外国，特にわが国企業の主要な進出国の実効税率の動向等を考慮して2010（平成22）年に20％以下とされ，2015（平成27）年には，20％未満とされました。

　それぞれの外国関係会社のトリガー税率を算定するための基準となるその事業年度の所得の金額は，本店所在地国の法令の規定によって計算した所得の金額に①その本店所在地国の法令により課税標準に含まれないこととされる所得の金額（いわゆる非課税所得），②損金の額に算入している支払配当の

額，③損金の額に算入している外国法人税の額などを合計した金額とされています（措令39の14②）。

III 外国子会社合算税制が適用される居住者・内国法人

　特定外国子会社等の課税対象金額に相当する金額を収益の額（雑所得に係る収入金額）と見なして外国子会社合算税制が適用される居住者・内国法人は，以下のとおりです（措法66の6①，措法40の4①）。
　①特定外国子会社等の発行済株式等（自己株式等を除きます。）に占める直接および間接保有の株式等の割合が10％以上である内国法人等
　②特定外国子会社等の発行済株式等（自己株式等を除きます。）に占める直接および間接保有の株式等の割合が10％以上である一の同族株主グループに属する内国法人等
　同族株主グループとは，特定外国子会社等の株式等を直接または間接に保有する①一の居住者およびその居住者と特殊の関係にある居住者または内国法人ならびに②内国法人およびその内国法人と特殊の関係にある居住者または内国法人をいいます（措法66の6②六，措法40の4②六，措令39の16⑥）。
　外国子会社合算税制の適用の対象として発行済株式等の10％以上としたのは，創設時の商法では，10％以上の株式等の保有者には会計帳簿閲覧請求権が付与されており[2]，会社の経営に対して影響力を行使しうる大株主と考えうることを考慮したものだとされています。その後，1992（平成4）年に10％から5％へといったん，外国子会社合算税制が強化されましたが，2010（平成22）年に企業の事務負担等にも配慮し，再び10％とされました。

---

[2] 現行の会社法における会計帳簿閲覧請求権の行使については，3％とされています（会社433）。

Ⅳ 合算対象とされる収益の額の計算

合算対象とされる収益の額（収入金額）は，特定外国子会社等の各事業年度の決算に基づく所得の金額に一定の基準に基づいて算出された基準所得金額を基礎とし，順次，適用対象金額そして課税対象金額を算出して計算されます（措法66の6①，②二，措法40の4①，②二）。

1. 基準所得金額

基準所得金額は，次のように計算して求められます（措令39の15①②③）。

①特定外国子会社等の各事業年度の決算に基づく所得の金額に本邦法令に準拠してあるいは特定外国子会社等の本店所在地国の法令に準拠して計算することによって基準所得金額を算出するための基礎となる金額を算出します。

②前述①の基礎となる金額からその特定外国子会社等が子会社（その特定外国子会社等が25％以上の株式等を配当等の額の支払義務が確定する以前6ヶ月以上継続して保有している場合）から受ける配当等の額を控除します（措令39の15①四）。

　特定目的会社，投資法人，特定目的信託に係る受託法人，特定投資信託に係る受託法人については，それらの法人の支払配当等は損金の額に算入されることから子会社から除かれています。

　子会社配当等の額が基準所得金額から控除されるのは，本邦の法令（受取配当等の益金不算入や外国子会社から受ける配当等の益金不算入）[3]と平仄をあわせたものです。

③さらに，**控除対象配当等の額**を控除します（措令39の15③）。控除対象配当等の額とは，内国法人に係る特定外国子会社等がその内国法人に係

---

[3] 受取配当等の益金不算入制度の改正により平成27年4月からは，益金不算入割合が100％とされる関連法人株式等の株式保有割合は25％以上から3分の1以上とされました。外国子会社から受ける配当等の益金不算入制度については，変更は，ありません。

る他の特定外国子会社等から受ける配当等の額をいいます。他の特定外国子会社等も外国子会社合算税制の対象となっていますので二重課税（二重の合算課税）を排除するためです。

2. 適用対象金額

基準所得金額から①その特定外国子会社等の各事業年度の開始の日前7年以内に開始した事業年度において生じた欠損金額（特定外国子会社等に該当しなかった事業年度は除きます）[4]および②その特定外国子会社等が各事業年度において納付することとなる法人所得税の額を控除したものが適用対象金額となります（措法66の6②二，措法40の4②二，措令39の15⑤）。

特定外国子会社等に生じた欠損金額を内国法人の所得金額と通算しうるか争われた事案について，判例は，次のように判示しています（最判平成19年9月28日民集61巻6号2486頁）。

「同条[5]1項の規定は，内国法人が，法人の所得等に対する租税の負担がないか又は極端に低い国又は地域に子会社を設立して経済的活動を行い，当該子会社に所得を留保することによって，わが国における租税の負担を回避しようとする事例が生ずるようになったことから，課税要件を明確化して課税執行面における安定性を確保しつつ，このような事例に対処して税負担の実質的な公平を図ることを目的として，一定の要件を満たす外国会社を特定外国子会社等と規定し，これが適用対象留保金額を有する場合に，その内国法人の有する株式等に対応するものとして算出された一定の金額を内国法人の所得の計算上益金の額に算入することとしたものである。他方において，特定外国子会社等に生じた欠損の金額は，法人税法第22条第3項により内国法人の損金の額に算入されないことは明らかである。

---

[4] 現行の法人税法上の欠損金の繰越控除期間は，9年とされています。平成27年度の税制改正により平成29年4月からは，9年は10年となります。また，中小法人以外の法人の欠損金の控除限度額は，欠損金額控除前の所得金額の65％相当額（平成29年4月からは50％相当額）とされています（法法57①）。ただし，外国子会社合算税制には，何ら変更はありません。

[5] 同条とは，措法66条の6のことです。

以上からすれば，措置法第66条の6第2項第2号は，上記のように特定外国子会社等の留保所得について内国法人の益金の額に算入すべきものとしたこととの均衡等に配慮して，当該特定外国子会社等に生じた欠損の金額についてその未処分所得の金額の計算上5年間の繰越控除を認めることとしたものと解される。そうすると，内国法人に係る特定外国子会社等に欠損が生じた場合には，これを翌事業年度以降の当該特定外国子会社等における未処分所得の金額の算定にあたり5年を限度として繰り越して控除することが認められているにとどまるものというべきであって，当該特定外国子会社等の所得について，同条第1項の規定により当該特定外国子会社等に係る内国法人に対し上記の益金算入がされる関係にあることをもって，当該内国法人の所得を計算するにあたり，上記の欠損の金額を損金の額に算入することができると解することはできないというべきである。」

3. 課税対象金額

　課税対象金額は，適用対象金額にその特定外国子会社等の発行済株式等のうちに内国法人等の請求権勘案保有株式等の占める割合を乗じて計算されます（措法66の6①，措法40の4①，措令39の16）。課税対象金額は，その特定外国子会社等の事業年度終了の日の翌月から2月を経過する日を含む内国法人等の年分あるいは事業年度の収益の額（収入金額）とされます。

　請求権勘案保有株式等とは，内国法人等が直接および間接に保有する特定外国子会社等の株式等の数または金額（請求権の内容が異なる株式等を発行している場合には，発行済株式等に剰余金の配当等の額がその総額のうちに占める割合を乗じて計算）をいいます。

図表 5-1　特定外国子会社等に係る課税対象金額の計算

子会社配当等 6月以上継続保有する持株割合 25％以上の法人から受ける配当			
控除対象配当等 他の特定外国子会社等（持株割合 25％未満）から受ける配当			
基準所得金額 特定外国子会社等の本店所在地国の法令に従った決算に基づく所得の金額に対し日本の税法による所得金額の計算に準ずるための調整または本邦法令に準じた計算	繰越欠損金	株式等の割合請求権勘案保有	
	納付が確定した法人所得税		
	適用対象金額		課税対象金額

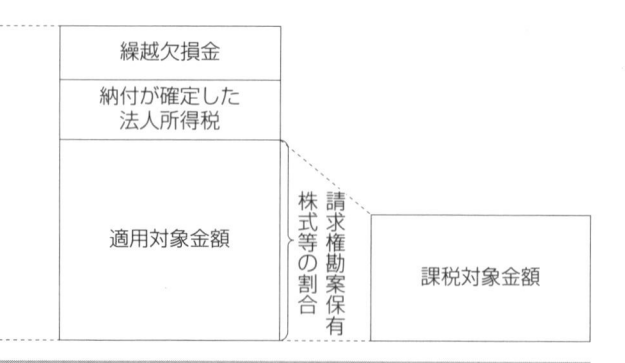

V　適用除外

　わが国企業の正常な海外投資活動とそれによる海外子会社による正常な経済活動を阻害しないためには，その所在地国において独立企業としての実体を備え，それぞれの業態に応じ，その地において事業活動を行うことに十分な経済合理性がある場合にまで外国子会社合算税制の対象とするのは，適切ではありません。そのような趣旨から①**事業基準**，②**実体基準**，③**管理支配基準**および④**所在地国基準**または**非関連者基準**の4つの基準のすべての基準を満足する場合には，外国子会社合算税制の適用が除外されています（措法66の6③，措法40の4③）。外国子会社合算税制創設時の税制調査会の「昭和53年度の税制改正に関する答申」では，実体基準および管理支配基準は，独立企業としての実体を備えているかどうかを判定する基準として考えられており，所在地国基準または非関連者基準は，それぞれの業態に応じ，その地に

おいて事業活動を行うことに十分な経済合理性があるかどうかを判定するための基準として考えられていたと思われます。

なお，適用除外基準のすべてに該当する場合であっても特定外国子会社等が資産運用的な特定所得を有する場合には，租税回避行為に該当するものとして外国子会社合算税制の対象とされています（後述，Ⅵ）。

1. 事業基準

特定外国子会社等の行う主たる事業が①株式等の保有，②債券の保有，③工業所有権その他の技術に関する権利，特別の技術による生産方式もしくはこれらに準じるものの提供，④著作権（出版権および著作隣接権その他これに準じるものを含みます。）の提供，⑤船舶もしくは航空機の貸付け以外のものであることが事業基準とされています。

ただし，株式等の保有を主たる事業とするものであっても統括業務を行う事業持株会社については，事業基準から除かれています（後述，Ⅴ5(1)）。

これらの事業は，わが国においても十分行いうるものであり，タックス・ヘイブンと考えられる国・地域においてこれらの事業を行うことは，税負担の軽減そのものであり，積極的な経済合理性を見いだすことができないからです。

なお，これらの事業以外の事業（業態）については，所在地国基準または非関連者基準に基づいて経済合理性があるか否かについて判断していくこととなります。

特定外国子会社等の行う事業のうちいずれの事業が**主たる事業**であるかの判断基準について，判例は，次のように判示しています（静岡地判平成7年11月9日訟月42巻12号3042頁）。

「特定外国子会社等が複数の事業を営む場合，そのいずれの事業が主たる事業であるかの判定は，その事業年度における具体的・客観的な事業活動の内容から判定するほかはないのであるから，その事業活動の客観的結果として得る収入金額又は所得金額の状況，使用人の数，固定施設の状況等を総合的に勘案して判定するべきであり（措基通66の6-8参照），その

際，課税要件事実は当該事業年度ごとにその存否が確定される性質のものである以上，決算日以後の事情など当該事業年度には判断不能な事柄などは勘案されるべきではない」

課税実務においても主たる事業の判定について「措置令第39条の14第2項第4号の規定を適用する場合において，外国関係会社が二以上の事業を営んでいるときは，そのいずれが主たる事業であるかは，それぞれの事業に属する収入金額又は所得金額の状況，使用人の数，固定施設の状況等を総合的に勘案して判定する。」としています（措基通66の6-8）。

2. 実体基準

実体基準とは，特定外国子会社等の本店または主たる事務所の所在する国または地域において，特定外国子会社等の主たる事業を行うに必要と認められる事務所，店舗，工場その他の固定的施設を有していることをいいます。

実体基準の趣旨および実体基準と管理支配基準との関係について判例は，次のように判示しています（東京地判平成24年10月20日裁判所ホームページ）。

「適用除外要件として実体基準が規定されたのは，我が国に所在する親会社等から独立した企業として実体を備えているというためには，主たる事業を行うために必要と認められる事務所，店舗その他の固定的施設を有している必要があるとの考え方に基づくものであり，実体基準は，物的な側面から独立企業としての必要条件を明らかにしたものである。（中略）

固定的施設を有しているというためには，特定外国子会社等が賃借権等の正当な権限に基づき固定的施設を使用していれば足り，固定的施設を自ら所有している必要はないものと解される。また，実体基準を満たすために必要な固定的施設の規模は，特定外国子会社等の行う主たる事業の業態や形態により異なると考えられる」

「適用除外要件として管理支配基準が規定されたのは，我が国に所在する親会社等から独立した企業として実体を備えているというためには，事業の管理，支配及び運営という機能面から見て独立性を有している必要があると

の考え方に基づくものであり，管理支配基準は，機能的な側面から独立企業としての必要条件を明らかにしたものである。」

3. 管理支配基準

　管理支配基準とは，特定外国子会社等の本店または主たる事務所の所在する国または地域において，特定外国子会社等の事業の管理，支配，運営を自ら行っていることをいいます。

　事業の管理，支配，運営を自ら行っていることの判断基準について判例は，次のように判示しています（東京地判平成2年9月19日行集41巻9号1497頁）。

　「管理支配基準は，（中略）事業の管理運営の面から判断する基準をいうものと考えられる。したがって，右の基準を充足しているといえるか否かは，当該外国子会社等の重要な意思決定機関である株主総会及び取締役会の開催，役員の職務執行，会計帳簿の作成及び保管等が本店所在地国で行われているかどうか，業務遂行上の重要事項を当該子会社等が自らの意思で決定しているかどうかなどの諸事情を総合的に考慮し，当該外国子会社等がその本店所在地国において親会社から独立した企業としての実体を備えて活動しているといえるかどうかによって判断すべきものと解される。」

　課税実務においても事業の管理，支配および運営を自ら行っていることの判定については，次のような取扱いとされています（措基通66の6-16）。

　「当該特定外国子会社等の株主総会及び取締役会等の開催，役員の職務執行，会計帳簿の作成及び保管等が行われている場所並びにその他の状況を勘案の上行うものとする。この場合において，例えば，当該特定外国子会社等の株主総会の開催が本店所在地国等以外の場所で行われていること，当該特定外国子会社等が，現地における事業計画の策定等にあたり，当該内国法人と協議し，その意見を求めていること等の事実があるとしても，そのことだけでは，当該特定外国子会社等が管理支配基準を満たさないことにはならないことに留意する。」

4. 所在地国基準または非関連者基準

　特定外国子会社等の行う主たる事業が株式等の保有など「事業基準」に該当する事業であれば，特定外国子会社等の本店等の所在する国または地域においてこれらの事業を行うことに，積極的な経済合理性を見いだすことができないと考えられていますが，「事業基準」に該当する事業以外の事業について，特定外国子会社等の本店等の所在する国または地域においてこれらの事業を行うことに経済合理性があるかどうかについては，次のように考えられます。

　卸売業や銀行業のような業種については，それらの業種の性格からその取引が国際的なものとならざるを得ず，特定外国子会社等の本店等の所在する国または地域で活動するということの重要性は乏しく，独立の第三者である非関連者との間で取引を行っていれば特定外国子会社等の本店等の所在する国または地域に所在して活動していることに経済合理性があると考えられます。関連者との間の取引が大部分であるとするとその地に所在していることは，主として租税回避目的のためと考えうるからです。このような事業については，特定外国子会社等の関連者以外の者と取引を行っていることが適用除外基準となります（非関連者基準）。

　不動産業あるいは製造業や小売業のような業種については，その事業にとって本質的な行為を行うのに必要な物理的な場所が特定外国子会社等の本店等の所在する国または地域に所在していれば経済合理性があると考えられます。このような事業については，その事業を主として特定外国子会社等の本店等の所在する国または地域で行っていることが適用除外基準となります（所在地国基準）。

(1) 非関連者基準

　卸売業，銀行業，信託業，金融商品取引業，保険業，水運業または航空運送業の7業種に適用されます（措法66の6③一，措法40の4③一）。

　これらの各事業に応じて特定外国子会社等に係る非関連者との間で次のような基準で行っている場合に適用除外とされます（措令39の17⑧）。

ア．卸売業

　それぞれの事業年度における棚卸資産の販売に係る収入金額または取得した棚卸資産の取得価額の合計額のうちに非関連者との間の取引金額の占める割合が50％を超える場合

　なお、統括会社（物流統括会社）が行う関連者である被統括会社との取引は含まれません（後述、Ｖ５(2)）。

イ．銀行業

　それぞれの事業年度における受入利息の合計額のうち非関連者から受けるものまたはそれぞれの事業年度における支払利息の合計額のうち非関連者に支払うもの割合が50％を超える場合

ウ．信託業

　それぞれの事業年度における信託報酬の合計額のうち非関連者から受けるものの割合が50％を超える場合

エ．金融商品取引業

　それぞれの事業年度における受入手数料の合計額のうち非関連者から受けるものの割合が50％を超える場合

オ．保険業

　それぞれの事業年度における収入保険料の合計額のうち非関連者から収入するものの割合が50％を超える場合

カ．水運業または航空運送業

　それぞれの事業年度における船舶の運航および貸付けまたは航空機の運航および貸付けによる収入金額の合計額のうち非関連者から収入するものの割合が50％を超える場合

なお、非関連者基準における関連者とは、次の者をいいます（措法66の6③一、措法40の4③一、措令39の17⑦）。
①特定外国子会社等の発行済株式等を直接および間接に10％以上保有する居住者
②特定外国子会社等の発行済株式等を直接および間接に10％以上保有す

る内国法人
③特定外国子会社等の発行済株式等を直接および間接に10％以上保有する連結法人
④上記③の連結法人と連結完全支配関係がある他の連結法人
⑤上記②の内国法人の発行済株式等の50％を超える株式等を有する者
⑥上記③の連結法人の発行済株式等の50％を超える株式等を有する者
⑦上記①②③の居住者，内国法人，連結法人が特定外国子会社等を他の外国法人をとおして間接保有している場合の他の外国法人

(2) 所在地国基準

非関連者基準が適用される卸売業等の7業種以外の業種に適用されます（措法66の6③二，措法40の4③二）。

所在地国基準が適用される不動産業や物品賃貸業あるいは製造業等の業種については，その事業を主として本店または主たる事務所の所在する国または地域（以下「本店所在地国」といいます。）で行っている場合に適用除外とされ，次のような事業区分に応じてそれに対応する基準が定められています（措令39の17⑫）。

なお，国または地域に係る内水，領海，排他的経済水域，大陸棚に相当する水域も含まれます（措令39の17⑪）。

ア．不動産業
　主として本店所在地国にある不動産の①売買または貸付け，②売買または貸付けの代理または媒介，③管理を行っている場合

イ．物品賃貸業
　主として本店所在地国において使用に供される物品の貸付けを行っている場合

ハ．所在地国基準に該当する事業のうち不動産業および物品賃貸業以外の事業（製造業や小売業など）
主として本店所在地国において該当する事業を行っている場合

適用除外要件である所在地国基準・非関連者基準に関し争われた事件があります。すなわち香港特別行政区（以下「香港」といいます。）に本店を有する日本法人の子会社が中華人民共和国（以下「中国」といいます。）本土に所在する中国企業との間でいわゆる来料加工取引を行い，外国子会社合算税制が適用された事案において，適用除外要件に関し，この香港法人の主たる事業は，所在地国基準が適用される製造業か，それとも非関連者基準が適用される卸売業かが主たる争点とされていました。

　なお，本件における来料加工取引の概要は，以下のとおりです。

①中国企業が工場・建物を所有し，それを香港法人に賃貸。中国工場での加工生産に必要な生産設備は，香港法人が所有し，それを中国工場で無償にて使用。

②中国工場での従業員の法律上の雇用主は明らかではないが，中国企業が人員の供給を行い，香港法人において人員配置や人事評価等を行うとともに香港法人が送金した資金から給与の支払。中国工場の管理職の大半は，香港法人からの出向。

③香港法人は，加工生産に必要な原料，補助材料および包装物資を無償で供給。加工費は，中国企業へ送金。

④香港法人の経理処理としては，中国工場に設置した生産設備は，固定資産に計上して減価償却。中国工場の製造部門の原材料費や労務費等は，製造原価に算入。

⑤中国工場で加工生産された製品は，すべて香港法人へ輸出。

　前記の事案について判例は次のように判示しています（東京地判平成21年5月28日訟月59巻1号30頁）。

　「特定外国子会社等の主たる事業が製造業にあたるか卸売業にあたるか，すなわち，販売する製品の製造を自ら行っているか否かを判断するにあたっては，現実の当該事業の経済活動としての実質・実体がどのようなものであるかという観点から，（ア）製品製造のための [1] 生産設備（工場建物，製造設備等）の整備，[2] 人員（監督者，技術者，単純労働者等）の配

置及び[3]原材料・補助材料等の調達等への当該特定外国子会社等の関与の状況を踏まえた上で，（イ）〈A〉当該特定外国子会社等の設立の目的，〈B〉製品製造のための（a）人員の組織化，（b）事業計画の策定，（c）生産管理（品質管理，納期管理を含む。）の策定・実施，（d）生産設備の投資計画の策定，（e）財務管理（損益管理，費用管理，原価管理，資産・資金管理等を含む。）の実施及び（f）人事・労務管理の実施等への当該特定外国子会社等の関与の状況等を総合的に考慮した上で，（ウ）製品の製造・販売を行うために関係当事者との間で作成されている契約書の記載内容も勘案しつつ，事業実体の具体的な事実関係に即した客観的な観察によって，社会通念に照らして個別具体的に判断すべきものと解される。（中略）本件B社（筆者注：香港法人）各事業年度における事業活動の実質・実体においてB社は，H社（筆者注：中国企業）から長安工場等を賃借し，H社が委託派遣した工場長等の給与まで負担し，加工生産に必要な製造設備及び原料等の物資を供給し，その輸送に伴う費用を負担した上，製品についても各種保険に加入し，加工費名目で支払われた金員のうち，中国の官公庁への手数料及びH社への管理費を控除した後のものは，工場の運営のためにB社の管理下に置かれることを予定していたものと解され，さらに，本件経営契約書により，B社は，長安工場の経営を請け負い，長安工場の生産経営管理につき権利を有し，企業のすべての経営コストを負担することになるのであるから，B社が中国当局の100％出資企業としての実質的な一体性のうかがわれる上記三企業と連携して遂行する事業の全体を本件各契約書の全体を勘案しつつ具体的な事実関係に即して客観的に観察すれば，社会通念上，B社は実質的に長安工場において自ら販売製品の製造を行っていた」

　事業の判定につき通達は，次のように規程しています（措基通66の6-17）。

「特定外国子会社等の営む事業が措置法第66の6第3項第1号又は措置法令第39の17第12項第1号若しくは第2号に掲げる事業のいずれに該当するかどうかは，原則として日本標準産業分類（総務省）の分類を基準と

して判定する。」

5. 統括会社の特例

　近年のわが国企業のグローバル経営の形態を見てみると，地域ごとの海外拠点を統合する統括会社（地域統括会社）を活用した経営形態へと変化してきています。このような状況を踏まえ，2010（平成22）年度の税制改正により統括業務を行う**事業持株会社**の事業基準に対する特例および**物流統括会社**の非関連者基準に対する特例が設けられました。

(1) 事業持株会社（統括会社）の特例

　事業持株会社（統括会社）が被統括会社の事業活動の総合的な管理および調整を通じて収益性の向上に資する統括業務を行っている場合には，そのような事業持株会社（統括会社）の統括業務に対しては積極的な経済合理性を認めることができます。

　このような趣旨から株式等の保有を主たる事業とする事業持株会社（統括会社）であって二以上の被統括会社の事業の方針の決定または調整を一括して行うことによりこれらの被統括会社の収益性の向上に資すると認められる場合には，特定外国子会社等から除外されています。すなわち，このような事業持株会社（統括会社）は，株式等の保有を主たる事業としていますが，事業基準との関係においては，適用除外とされています（措法66の6③，措法40の4③，措令39の17①）。

　ここでいう事業持株会社（統括会社）とは，次の要件をすべて満たすものをいいます（措令39の17④）。

　①一の内国法人によってその発行済株式等の全部を直接または間接に保有されていること
　②事業年度終了時に有している被統括会社の株式等の帳簿価格の合計額がその事業年度終了時に有している株式等の帳簿価格の合計額の50％相当額を超えていること
　③二以上の外国法人である被統括会社を含む複数の被統括会社に対して統

括業務を行っていること
④統括会社の有する外国法人である被統括会社の株式等の帳簿価額の合計額または統括会社の外国法人である被統括会社に対して行う統括業務に係る対価の合計額のその統括会社のすべての被統括会社のそれぞれ対応する合計金額に対する割合が50％を超えていること
⑤本店所在地国に統括業務に係る事務所，店舗，工場その他の固定的施設を有していることおよび統括業務を行うに必要と認められるその統括業務に従事する者を有していること

また，被統括会社とは，統括会社によって発行済株式等および議決権総数の25％以上が所有され，かつ，その本店所在地国においてその事業を行うのに必要と認められる事業に従事する者を有している次の外国法人をいいます（措令39の17②）。
①統括会社の子会社（特定外国子会社等，その特定外国子会社等の発行済株式等の10％以上を直接および間接に有する内国法人およびその内国法人とそれに係る特定外国子会社等との間に株式等の所有を通じて介在する他の外国法人が支配している外国法人）
②統括会社の孫会社（上記①の特定外国子会社等，内国法人，他の外国法人および子会社が支配している外国法人）
③上記①の特定外国子会社等，内国法人，他の外国法人ならびに上記①の子会社および上記②の孫会社が支配している外国法人

(2) 物流統括会社の特例

地域経済圏に展開するグループ企業の商流を物流統括会社を活用することによって合理化することは，グループ企業の収益の向上に寄与しており，物流統括会社がその地において物流活動（卸売業）を行うことには，経済合理性があると考えられます。

このような趣旨から卸売業を主たる事業とする統括会社については，その統括会社に係る被統括会社を関連者に含まないところで非関連者基準が適用

されます（措令39の17⑩）。すなわち，卸売業を主たる事業とする統括会社については，その統括会社に係る被統括会社を関連者の範囲から除外して各事業年度の販売取扱金額または仕入取扱金額の50％超が非関連者との取引からなるか判断されます。

VI 資産性所得の合算課税

　資産運用的な所得については，わが国と比べて著しく税負担の軽いあるいは税負担がない外国子会社においてそのような所得を伴う取引を行うことは経済合理性に乏しいと考えられます。したがって，このような状況での資産運用的な所得を生ずる取引は，租税回避行為に該当すると考えることができます。

　そこで，2010（平成22）年度の税制改正により資産運用的な所得を外国子会社に付け替えるような租税回避行為を的確に防止するとの趣旨から事業基準に規定されている事業と関係する一定の資産運用的な所得については，特定外国子会社等が適用除外に該当する場合においても親会社の所得と合算して課税する制度が設けられました。限定された範囲の所得ではありますが，このように所得に着目して課税する仕組みであるインカム・アプローチを一部採用したこととなります。

　資産性所得の合算課税制度では，まず，特定外国子会社等が適用除外基準を満たすことにより内国法人等の収益の額（雑所得の収入金額）に算入されない適用対象金額を有する場合において特定所得の金額を有するときには，特定所得の金額を合計して**部分適用対象金額**を計算します。次に，その部分適用対象金額に特定外国子会社等の発行済株式等の10％以上を直接および間接に有する内国法人等の請求権勘案保有株式等の占める割合を乗じて部分課税対象金額を算出します。この**部分課税対象金額**が内国法人等の収益の額（雑所得の収入金額）とみなされることとなります（措法66の6④，措法40の4④）。

1. 特定所得の金額

　特定所得の金額とは、以下の金額をいいます（措法66の6④一～七，措法40の4④一～七，措令39の17の2）。なお、(1)～(5)の金額については、特定外国子会社等が行う特定事業以外の事業の性質上重要で欠くことのできない業務から生じたものは、除外されています。

(1) 剰余金の配当等の額

　株式等の保有割合が10％未満である他の法人から受ける剰余金の配当等の合計額からその剰余金の配当等の額を得るために直接要した費用の合計額および一定に算式によって算出された負債利子の合計額を控除した残額

(2) 債券の利子の額

　債券の利子の額の合計額からその利子の額を得るために直接要した費用の合計額および一定に算式によって算出された負債利子の合計額を控除した残額

(3) 債券の償還差益の額

　債券の償還金額がその取得価額を超える場合におけるその差益の合計額からその差益の額を得るために直接要した費用の合計額および一定に算式によって算出された負債利子の合計額を控除した残額

(4) 株式等の譲渡益の額

　株式等の保有割合が10％未満である他の法人の株式等の譲渡に係る対価の合計額からその株式等の取得価額およびその対価の額を得るために直接要した費用の合計額を控除した残額

　なお、株式等の譲渡は、金融商品取引所の開設する市場での譲渡および金融商品取引業者への売委託による譲渡にかぎります（(5)における譲渡も同様です。)。

(5) 債券の譲渡益の額

債券の譲渡に係る対価の合計額からその債券の取得価額およびその対価の額を得るために直接要した費用の合計額を控除した残額

(6) 特許権等の使用料

特許権，実用新案権，意匠権，商標権または著作権の使用料の合計額からその使用料を得るために直接要した費用の合計額を控除した残額

なお，特定外国子会社等が自ら行った研究開発の成果に係る特許権等の使用料など一定のものは除きます。

(7) 船舶または航空機の貸付料

船舶または航空機の貸付けに係る対価の合計額からその対価の額を得るために直接要した費用の合計額（減価償却費も含まれます。）を控除した残額

2. 資産性所得の合算課税制度の適用除外

資産性所得の合算課税制度は，以下の場合には，適用されません（措法66の6⑤，措法40の4⑤）。

①各事業年度における部分適用対象金額に係る収入金額が1000万円以下であること。ここでの収入金額とは，特定所得の金額の合計額とされています（措令39の17の2⑳）。

②各事業年度の決算に基づく所得の金額のうちに部分適用対象金額の占める割合が5％以下であること。決算に基づく所得の金額とは，法人所得税の額を含めたものとされています。

Ⅶ 二重課税の調整

内国法人等が特定外国子会社等から剰余金の配当等を受けた場合には，内国法人等の益金の額（居住者としては，配当等の収入金額）に算入される剰余金の配当等に対する課税とその剰余金の配当等の原資である特定外国子会

社等の所得に対する合算課税との二重課税が行われることとなります。

　また，内国法人等が外国子会社合算税制の適用を受ける外国孫会社から外国子会社を経由して剰余金の配当等を受けた場合には，内国法人等の益金の額（居住者としては，配当等の収入金額）に算入される剰余金の配当等に対する課税とその剰余金の配当等の原資である外国孫会社の所得に対する合算課税との二重課税が行われることとなります。

　そのため，上記のような場合も含めて次のように二重課税を調整する規定が設けられています。

1. 内国法人が特定外国子会社等から受ける剰余金の配当等に係る二重課税の調整

(1) 持株割合25%[6]以上等の要件を満たさない特定外国子会社等から受ける剰余金の配当等

　内国法人が特定外国子会社等から受ける剰余金の配当等の額については，その特定外国子会社等に係る**特定課税対象金額**までの金額は，その内国法人の所得の金額の計算上，益金の額に算入されません（措法66の8①）。法人税法23条の2①によれば益金の額に算入されることとされていますが，この規定により二重課税の調整を図っています。

　なお，特定課税対象金額とは，内国法人の剰余金の配当等を受ける日を含む事業年度およびその事業年度開始の日前10年以内に開始した各事業年度において益金の額に算入された課税対象金額または部分課税対象金額（直接保有の株式等に対応する部分）の合計額をいいます。

(2) 持株割合25%以上等の要件を満たす特定外国子会社等から受ける剰余金の配当等

　内国法人が特定外国子会社等から受ける剰余金の配当等の額については，

---

[6] 法法23の2は，外国子会社から受ける剰余金の配当等が益金に算入されるか否かは，持株割合等が25%以上か否かを基準とするとしています。

その特定外国子会社等に係る特定課税対象金額までの剰余金の配当等の額は，益金の額に算入されません（措法66の8②）。法人税法23条の2①によれば剰余金の配当等の額に係る費用相当額（剰余金の配当等の額の5％相当額）は，益金の額に算入されることとされていますが，この規定により二重課税の調整を図っています。

2. 居住者が特定外国子会社等から受ける剰余金の配当等に係る二重課税の調整

居住者が特定外国子会社等から受ける剰余金の配当等の額については，配当日の属する年分およびその前年以前の3年分の特定外国子会社等の課税対象金額または部分課税対象金額の合計額（直接保有の株式等に対応する部分）に達するまでの金額は，その特定外国子会社等から受ける剰余金の配当等の額に係る配当所得の金額から控除されます（措法40の5①）。

3. 内国法人が外国子会社合算税制の適用を受ける外国孫会社から外国子会社を経由して受ける剰余金の配当等の二重課税の調整

(1) 持株割合25％以上等の要件を満たさない外国法人から受ける剰余金の配当等

内国法人が外国法人から受ける剰余金の配当等の額がある場合には，その剰余金の配当等の額（特定課税対象金額に達するまでの金額について益金の額に不算入とされた金額を除きます。）のうちその外国法人に係る**間接特定課税対象金額**までの金額は，その内国法人の所得の金額の計算上，益金の額に算入されません（措法66の8⑧）。

間接特定課税対象金額とは，次の①および②のうちいずれか少ない金額をいいます。

①配当事業年度前2年以内の事業年度から配当事業年度までの期間に外国法人が外国孫会社から受けた剰余金の配当等の額（内国法人のその外国法人についての直接保有の株式等に対応する部分）

②外国孫会社の課税対象金額または部分課税対象金額で配当事業年度前2年以内の事業年度から配当事業年度において益金の額に算入されるもの（内国法人のその外国孫会社についての間接保有の株式等に対応する部分）

(2) 持株割合25％以上等の要件を満たす外国法人から受ける剰余金の配当等

　内国法人が外国法人から受ける剰余金の配当等の額については、その剰余金の配当等の額（特定課税対象金額に達するまでの金額について益金の額に不算入とされた金額を除きます）のうち間接特定課税対象金額に達するまでの金額は、益金の額に算入されません（措法66の8⑨）。すなわち、剰余金の配当等の額に係る費用相当額（剰余金の配当等の額の5％相当額）を控除しないところで益金不算入額が計算されます。

4. 居住者が外国子会社合算税制の適用を受ける外国孫会社から外国子会社を経由して受ける剰余金の配当等の二重課税の調整

　居住者が外国法人から受ける剰余金の配当等の額があるときには、その剰余金の配当等の額から措法40の5①の規定による二重課税を調整するための金額を控除した残額をその剰余金の配当等の額に係る配当所得の金額から控除して計算することとしています（措法40の5②）。なお、次の①および②のうちいずれか少ない金額に達するまでを限度としています。
　①配当日の属する年分およびその前年以前の2年内において外国法人が外国孫会社から受けた剰余金の配当等の額（居住者のその外国法人についての直接保有の株式等に対応する部分）
　②配当日の属する年分およびその前年以前の2年内の外国孫会社に係る課税対象金額または部分課税対象金額の合計額（居住者の外国孫会社についての間接保有の株式等に対応する部分）

5. 特定外国子会社等の課税対象金額または部分課税対象金額に係る外国法人税額の控除

内国法人に係る特定外国子会社等の所得に対して課される外国法人税のうち特定外国子会社等の課税対象金額または部分課税対象金額に対応する部分については，その内国法人が納付する控除対象外国法人税の額とみなして外国税額控除が適用されます（措法66の7）。

なお，居住者については，特定外国子会社等に係る外国法人税額の控除はありません。

> [column 6] 租税条約と外国子会社合算税制との関係について
>
> 外国子会社合算税制は，日星租税条約に違反するか。日星租税条約7条1項は「一方の締約国の企業の利得に対しては，その企業が他方の締約国内にある恒久的施設を通じて当該他方の締約国内において事業を行わないかぎり，当該一方の締約国内においてのみ租税を課することができる。」と規定しています。これは，「恒久的施設なくして課税なし」という国際租税法上の原則を確認する規定です。外国子会社合算税制との関係で日星租税条約の規定を当てはめてみると日本（他方の締約国）がシンガポール（一方の締約国）の法人である特定外国子会社等（企業）の課税対象金額に相当する金額を日本の親会社等の益金の額（雑所得の総収入金額）に算入して課税していることになります。これに関して，外国子会社合算税制は，法人税法11条の実質所得者課税の原則を具体化したものとし，シンガポール法人である特定外国子会社等の留保所得が親会社である内国法人に帰属することを定めているのは，シンガポール法人である特定外国子会社等の事業所得に対して課税するものであるから日星租税条約7条1項に違反する（抵触する）とする少数意見もあります。多数意見は，外国子会社合算税制は，特定外国子会社等の課税対象金額に相当する金額を親会社である内国法人の擬制収益（その内容をどのように構成するかについては，諸説あります。）として課税するものであり，わが国が課税しているのは，内国法人であってシンガポールの法人ではないので日星租税条約7条1項に違反しない（抵触しない）としています。判例も次のような理由から日星租税条約7

条1項に違反しないとしています（最判平成21年10月29日民集63巻8号1881頁）。

　「措置法66条の6第1項は，外国子会社の留保所得のうちの一定額を内国法人である親会社の収益の額と見なして所得金額の計算上益金の額に算入するものであるが，この規定による課税が，あくまでわが国の内国法人に対する課税権の行使として行われるものである以上，日星租税条約7条1項による禁止または制限の対象に含まれない（中略）措置法の各規定等からなるわが国のタックス・ヘイブン対策税制は，特定外国子会社等に所得を留保してわが国の税負担を免れることとなる内国法人に対しては当該所得を当該内国法人の所得に合算して課税することによって税負担の公平性を追求しつつ，特定外国子会社等の事業活動に経済合理性が認められる場合を適用除外とし，かつ，それが適用される場合であっても所定の方法による外国法人税額の控除を認めるなど，全体として合理性のある制度ということができる。そうすると，我が国のタックス・ヘイブン対策税制は，シンガポールの課税権や同国との間の国際取引を不当に阻害し，ひいては日星租税条約の趣旨目的に反するようなものということもできない。」

　日星租税条約は，経済協力開発機構（OECD）のモデル租税条約を参考として締結されたものですが，OECDモデル7条（事業所得に対する課税）に関するコメンタリーは，「国内法を根拠とする被支配外国法人規定の下で，一方の締約国が，自国の居住者に課税する権限を制限してはいない。これらの居住者に課せられる租税は，他方の締約国の居住者である企業の利得のうち，これらの居住者がその企業への参画に対応する部分との関連で算定されるであろうとしてもである。一方の国により自国の居住者にそのようにして課される租税は，他方の国の企業の利得を減少させていないし，それ故，その利得に課税されているともいえない」（パラ14）とし，一般的に，それぞれの国のタックス・ヘイブン対策税制は，租税条約に違反しない（抵触しない）と解説しています。

[column 7] コーポレート・インバージョンとは

　会社法では，合併等対価の柔軟化として，吸収合併，吸収分割または株式交換において，その対価として親法人株式が交付される，いわゆる**三角合併等**が認められることとなりました。このため，2007（平成19）年度税制改正によりクロスボーダーの組織再編成として三角合併等の外国親法人株式を対価とする組織再編成も適格組織再編成として認められることとなりました。このような組織再編成は，国際課税の観点から見てみると，非居住者や外国法人に外国法人株式が交付されることによるわが国の課税権が損なわれる可能性や軽課税国の親法人と内国法人としての子会社との取引を通じて租税回避（所得移転）が行われる可能性もあります。このように，課税権を確保するため，あるいは租税回避に対処するため次のような制度が設けられました。

　なお，三角合併等を利用することにより株主構成を変えることなく，内国法人を外国法人の子会社とすることを一般にコーポレート・インバージョンといっています。

①非居住者株主または外国法人株主が合併等により外国親法人株式の交付を受ける場合の課税（措法37の14の2，法令188①一ハ）

②被合併法人と合併法人との間に50％超の支配関係があり，被合併法人の株主等に特定軽課税外国法人に該当する親法人の株式が交付される三角合併等の適格合併等の範囲から除外（措法68の2の3）

③居住者または国内に恒久的施設を有する非居住者あるいは法人が三角合併等の非適格合併等により特定軽課税外国法人に該当する親法人の株式が交付される場合の課税（措法37の14の3，措法68の3）

④**コーポレート・インバージョン対策合算税制**（特殊関係株主等である内国法人等に係る特定外国法人の課税の特例）（措法66の9の2，措法40の7）

　②，③および④がいわゆるコーポレート・インバージョンに関する税制です。そのうち④のコーポレート・インバージョン対策合算税制は，組織再編成後の租税回避に対処するための税制です。外国子会社合算税制と競合する場合もありますが，その場合は，外国子会社合算税制が適用されます。

なお，コーポレート・インバージョン対策合算税制とは，特定内国法人（5人以下の株主によって80％以上の株式等を保有される内国法人）の株主等が組織再編成により法人所得税がないあるいは法人所得が軽課される国に所在する外国法人を通じて特殊関係内国法人（特定内国法人を組織再編成した後の内国法人）の株式等の80％以上を間接保有することとなった場合には，その外国法人（外国関係法人）の適用対象金額を外国関係法人の株主等である居住者または内国法人の所得に合算して課税するというものです。

第6章

移転価格税制

I 移転価格の問題とは

　国際的な経済活動の活発化に伴い，企業は，コストの低減や生産性の向上などの観点から，第三者との間で取引を行うことよりも，自ら海外に子会社を設立，展開して，企業グループ内部で生産活動を行うようになり，企業の多国籍企業化が進展してきます。特に，企業の保有する無形資産には，公共財的な性格，情報の偏在，不確実性といった特質があることから，市場を通じて効率的に利用しようとすると，そのためのコストが発生してしまい，商業的な取引に委ねた場合には市場の失敗の可能性が高いことなどが，多国籍企業化の理由として指摘されています。

　多国籍企業化に伴い，関連企業間における移転価格（Transfer Pricing）は，市場において通常成立する取引価格とは異なる価格が設定されることにより，グループ内部での国際的な所得の配分の歪みが生じる可能性も出てきます。そのため，国家間の適切な課税権の配分の観点からは，実際の関連企業間の取引価格ではなく，正常な価格で取引が行われたと仮定した場合に得られる企業の所得に基づいて，課税を行う必要があります。

　このような移転価格の問題は，多国籍企業による国際的な経済活動の発展に伴い，自国の課税所得，ひいては税収に直結する問題であることから，多

くの国において，その重要性が早くから認識されてきました。アメリカでは，1928年に現在の内国歳入法482条に相当する規定を整備し，フランスは1933年，イギリスは1970年，ドイツは1972年に，それぞれ移転価格の問題に対処する国内法の規定を整備しています。

一方，移転価格課税は必然的に国際的な二重課税を伴うことから，OECDでは，早くからその共通的なルール作りに取り組んできました。

1979年には，「移転価格と多国籍企業（Transfer Pricing and Multinational Enterprises）」報告書を公表し，移転価格課税についての国際的なガイドラインを示しています。本報告書では，棚卸資産の販売，技術・商標の移転，役務の提供，資金貸付けなどの取引ごとに，独立企業間価格の算定方法を詳細に分析，検討しています。OECDでは，その後も移転価格の問題についての検討を継続しており，1984年には，対応的調整，相互協議，多国籍銀行課税等の問題についての報告書を公表しています[1]。

このような移転価格の問題を巡る世界的な動向に加えて，1970年代の日米貿易摩擦の中で，日系の自動車メーカー数社が，アメリカの内国歳入庁（IRS）から巨額の移転価格課税を受け，わが国が対応的調整を求められたことなどを契機として，わが国においても諸外国と共通の基盤に立つことの必要性が認識されて，1986年に移転価格税制が創設されました。

II 独立企業原則（ALP：Arm's Length Principle）

移転価格税制において基本となるのが，独立企業原則（アームス・レングス原則）で，独立企業間で行われたと考えられる通常の取引条件に従って利益の調整を行うというものです。アームス・レングスは，文字通り「腕の長さ」の間隔が保たれている，お互いに対等な当事者間であることを意味しています。

---

1) 移転価格ガイドラインは，その後，1995年に全面改訂され，2010年改定を経て，2010年版が最新版となっています。

独立企業原則は，OECDモデル9条（特殊関連企業）に規定されており，わが国が締結しているすべての租税条約においても，同様な条項が規定されています。

「商業上又は資金上の関係において，双方の（関連）企業の間に，独立の企業の間に設けられている条件と異なる条件が設けられ，又は課されているときは，その条件がないとしたならば一方の企業の利得となったとみられる利得であってその条件のために当該一方の企業の利得とならなかったものに対しては，これを当該一方の企業の利得に算入して租税を課することができる。」

この規定は，両国の関連企業間に，独立企業間とは異なる条件で取引が行われた場合には，正常な条件で取引が行われた場合に算出される利益に課税することを認めるものです。すなわち，独立企業原則の下では，個々の企業は，企業グループ全体の1つの部分ではなく，個々の企業それぞれが独立した企業とみなされることになります。

また，この規定が明らかにしているように，独立企業原則の適用においては，関連者間取引の条件と独立企業間取引の条件との比較（**比較可能性分析**）が重要となります。

移転価格ガイドラインでは，比較可能性分析を独立企業原則の適用上の核心と位置づけて，その重要性を示すとともに，独立企業は，取引の条件を評価する際，現実的に選択可能な他の選択肢と比較を行い，他に明らかに有利な選択肢がない場合にのみ取引を行うという，独立企業における取引の評価の視点を明らかにしています。

そして，比較可能性を決定する要素として，①移転された資産または役務の特徴，②使用した資産や引き受けたリスクを考慮した当事者が遂行する機能，③契約条件，④当事者の経済状況，⑤当事者が遂行している事業戦略の5項目をあげるとともに（第1章D），比較可能性分析の実施に関する詳細なガイダンスを示しています（第3章）。

III 移転価格税制の概要

1. 制度の基本的な仕組み

　法人が，特殊の関係にある国外関連者との間で資産の販売・購入，役務の提供などの取引を行った場合に，その法人が国外関連者から支払を受ける対価の額が独立企業間価格に満たないとき，または，その法人が国外関連者に支払う対価の額が独立企業間価格を超えるときは，その法人の法人税の所得計算にあたって，独立企業間価格で行われたものとみなすこととされています（措法66の4①）。

　これは，法人が，その法人の国外関連者との間で，国外関連取引を行った場合に，実際の取引対価の額が，独立企業間価格と異なることにより法人の所得が減少しているときは，その取引が独立企業間価格で行われたものとみなして，法人税の所得計算を行うものです。

　移転価格税制の特色としては，次のような点があげられます。

　まず，移転価格税制は，国外取引のみを課税対象としている点です。国内の法人間の取引価格の問題については，無償取引（法法22条②），寄附金（法法37）などの規定が適用されますので，適用される規定およびその効果が異なることになります。

　また，移転価格税制の適用対象者は法人に限定されており，個人が行う取引は対象外とされています。移転価格税制の導入時には，個人が行う国外取引で，国外関連者を通じた所得移転を伴うような問題は想定しがたかったため，個人に対しては対象外とされたものです。この点は，個人も対象としている外国子会社合算税制とは対照的となっています。

　第3に，移転価格税制においては，法人の課税所得の増額修正のみとなっています。移転価格税制は，独立企業間価格に基づいて課税所得を算定し，海外への所得移転の防止を目的とするものであることから，課税所得の増額修正のみとされています。

第4に，移転価格税制は，私法上の法律関係とは異なる事実を擬制し，それに基づいて課税要件が充足されたものとして，所得を算定するものです。法人税の所得計算上，法人所得を計算し直す目的のみであり，実際の取引価格を変更する効果は有しません。したがって，移転価格税制の適用は，源泉所得税の額や消費税の計算には影響を与えません（移転価格事務運営指針2－26，27）。

第5に，移転価格税制の適用は，必然的に国際的二重課税の発生を伴うため，二重課税の排除のメカニズムが必要となります。そのため，租税条約上の相互協議や対応的調整などの適用により，国際的な二重課税の排除が行われることになります。

最後に，移転価格税制は，法人が租税回避の意図をもって恣意的な価格設定を行ったか否かを問わないとされています。

2．適用対象者

適用対象者は，わが国において法人税の納税義務を有する法人です（措法66の4①）。したがって，わが国に支店などの恒久的施設を有する外国法人が，その国外関連者と取引を行った場合には，移転価格税制の対象となります。また，前述のとおり，個人については対象外とされています。

3．適用対象取引（国外関連取引）

適用対象取引は，法人がその国外関連者との間で，資産の販売・購入，役務の提供その他の取引（国外関連取引）を行った場合で，その対価の額が独立企業間価格と異なることにより，法人の所得が減少することとなる取引です（措法66の4①）。

なお，国外関連取引には，次の2つの特則があります。

1つは，国外関連者が国内に恒久的移設を有しており，わが国で法人税の課税対象となる取引の場合には，移転価格を通じた所得の海外移転の懸念がないため，適用対象から除外されています（措法66の4①，措令39の12⑤）。

また，法人が，国外関連者との取引を，非関連者を通じて行う一定の場合における法人とその非関連者との取引は，国外関連取引とみなしています（措法66の4⑤，措令39の12⑨）。移転価格税制は，法人とその国外関連者との取引価格を問題とするものですが，法人とその国外関連者との間に第三者が介在した場合に移転価格税制が適用されないとすると，国外関連者と直接取引を行う者との課税の公平が保たれず，また，ループホールとして利用される懸念があるため，非関連者を通じて行う一定の場合を国外関連取引とみなして移転価格税制の対象としています。

4. 国外関連者

(1) 国外関連者の範囲

国外関連者とは，法人との間に次の関係がある外国法人をいいます（措法66の4①，措令39の12①）。

①一方の法人が，他方の法人の発行済株式等の50％以上を直接または間接に保有する関係（親子関係にある会社）
②両方の法人が同一の者によってそれぞれの発行済株式等の50％以上を直接または間接に保有される関係（兄弟関係にある会社）
③一方の法人が役員派遣，取引の状況等により他方の法人の事業の方針の全部または一部を実質的に決定できる関係（実質支配関係）
④持株関係または実質支配関係のいずれかで連鎖している関係

(2) 間接保有の株式等の保有割合の算定

　一方の法人から，50％以上の株式等の保有による連鎖関係が他方の法人の株主等までつながっている場合には，他方の法人の株主等が有する他方の法人の株式等の保有割合をもって，一方の法人が他方の法人について有する間接保有の株式等の保有割合とされます（措令39の12③）。

　外国子会社合算税制における間接保有の株式等の算定とは異なり，掛け算方式は採用されていません。

第6章 ■ 移転価格税制

図表6-1 国外関連者の範囲

(1) 親子関係

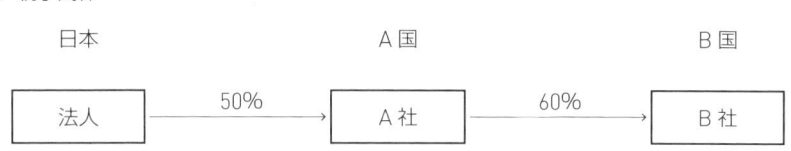

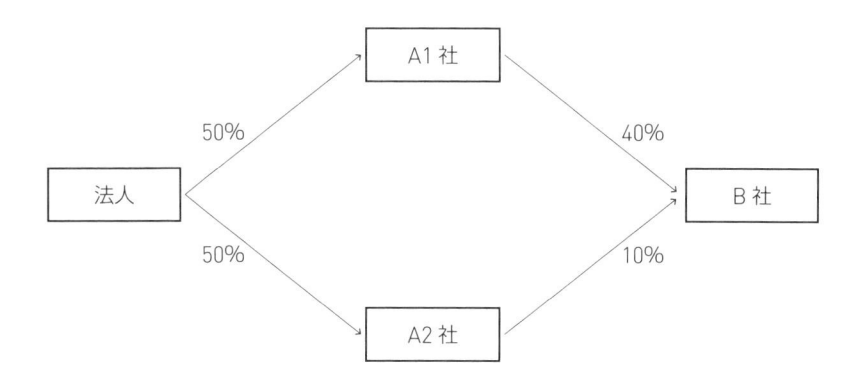

```
日本              A国              B国
法人 ──50%──→ A社 ──60%──→ B社
```

```
              A1社
           ↗       ↘
         50%       40%
法人                    B社
         50%       10%
           ↘       ↗
              A2社
```

(2) 兄弟関係

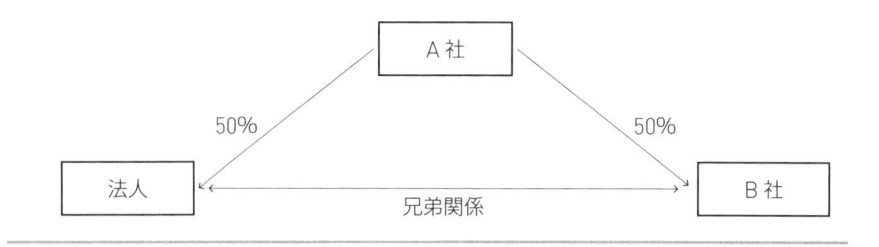

```
              A社
           ↙       ↘
         50%       50%
法人 ←──── 兄弟関係 ────→ B社
```

133

5. 独立企業間価格

　独立企業間価格は，時価や市場価格とは異なる概念です。移転価格税制上は，独立企業間価格自体の一般的な定義はなく，独立企業間価格とは，移転価格税制で規定されている方法により算定した金額とされていいます。また，独立企業間価格の算定にあたっては，事案ごとに「最も適切な方法」を選択して，算定することとされています。

(1) 最も適切な方法

　独立企業間価格とは，国外関連取引が棚卸資産の販売・購入またはそれ以外のいずれに該当するかに応じて定められている方法のうち，その国外関連取引の内容およびその国外関連取引の当事者が果たす機能，その他の事情を勘案して，その国外関連取引が独立の当事者の間で通常の取引の条件に従って行われるとした場合に，その国外関連取引について支払われるべき対価の額を算定するための最も適切な方法により，算定した金額とされています（措法66の4②）。

　この「最も適切な方法」を選択するにあたっては，国外関連取引と非関連者間取引に係る比較対象取引の選定にあたって検討すべき諸要素（①棚卸資産の種類・役務の内容等，②当事者が果たす機能，③契約条件，④市場の状況，⑤当事者の事業戦略）および次の点を勘案することとされています（措通66の4(2)-1）。

①各独立企業間価格の算定方法の長所および短所
②国外関連取引の内容およびその国外関連取引の当事者の果たす機能などに対する独立企業間価格の算定方法の適合性
③各独立企業間価格の算定方法を適用するために必要な情報の入手可能性
④国外関連取引と非関連者間取引との類似性の程度（非関連者間取引について，差異調整を行う必要がある場合には，差異調整に係る信頼性を含む）

　なお，「最も適切な方法」による独立企業間価格の算定は，移転価格ガイド

ラインの 2010 年改訂で，従来の伝統的な取引基準法優先の原則が，事案の状況に最も適した移転価格算定方法の選択に改められたことを踏まえて，2011 年度の税制改正で導入されました。

この改正以前は，基本三法と呼ばれる①独立価格比準法，②再販売価格基準法，③原価基準法，を優先して適用することとされており，国外関連取引に対しては，基本三法をまず適用し，それ以外の方法は，基本三法を用いることができない場合に限って適用することとされていました。

(2) 独立企業間価格の算定方法

独立企業間価格の算定方法は，国外関連取引が，棚卸資産の販売または購入に係る取引と，それ以外の取引（金銭の貸付け，役務の提供，無形資産取引など）に応じて，図表 6-2 のとおり定められています。

基本三法に準ずる方法とは，基本三法の考え方から乖離しないかぎりにおいて，取引内容に適合した合理的な方法を採用して独立企業間価格を算定す

図表 6-2　独立企業間価格の算定方法

	棚卸資産の売買取引	棚卸資産の売買取引以外の取引
基本三法	①独立価格比準法 ②再販売価格基準法 ③原価基準法	①独立価格比準法と同等の方法 ②再販売価格基準法と同等の方法 ③原価基準法と同等の方法
基本三法に準ずる方法	①独立価格比準法に準ずる方法 ②再販売価格基準法に準ずる方法 ③原価基準法に準ずる方法	①独立価格比準法に準ずる方法と同等の方法 ②再販売価格基準法に準ずる方法と同等の方法 ③原価基準法に準ずる方法と同等の方法
その他政令で定める方法	①比較利益分割法 ②寄与度利益分割法 ③残余利益分割法 ④取引単位営業利益法 ⑤①〜④までの方法に準ずる方法	①比較利益分割法と同等の方法 ②寄与度利益分割法と同等の方法 ③残余利益分割法と同等の方法 ④取引単位営業利益法と同等の方法 ⑤左欄の⑤の方法と同等の方法

るものです。

その他政令で定める方法としては、利益分割法と取引単位営業利益法があり、いずれも取引単位の営業利益に基本的に着目する算定方法です。

①独立価格比準法（CUP: Comparable Uncontrolled Price Method）
　独立価格比準法は、特殊の関係にない売手と買手の間で、同種の資産を取引段階、取引数量その他が同様の状況の下で売買した場合の取引の対価の額に相当する金額をもって国外関連取引の対価の額とする方法です（措法66の4②一イ）。

　ここでいう同種の資産とは、国外関連取引に係る資産と性状、構造、機能等の面において同種である資産とされています。ただし、これらの一部について差異がある場合であっても、その差異が独立価格比準法の対価の額の算定に影響を与えないと認められるときは、同種の資産として取り扱うことができます（措通66の4（3）-2）。

②再販売価格基準法（RP: Resale Price Method）
　再販売価格基準法は、国外関連取引における棚卸資産の買手が特殊の関係にない者に、その棚卸資産を販売した場合の対価の額から通常の利潤の額を控除して計算した金額をもって国外関連取引の対価の額とする方法です（措法66の4②一ロ）。

　この通常の利潤の額は、再販売価格に通常の利益率を乗じて算出しますが、通常の利益率は、国外関連取引に係る棚卸資産と同種または類似の棚卸資産を、非関連者から購入した再販者がその同種または類似の棚卸資産を非関連者に対して販売した比較対象取引に係るその再販者の売上総利益の額の収入金額の合計額に対する割合とされています（措令39の12⑥）。

　例えば、X社は、非関連者であるY社から製品を105で仕入れ、これを同じく非関連者であるZに150で販売している場合には、X社の売上総利益の額は45（＝150－105）で、通常の利益率は30％（＝45/150）となります。

　独立企業間価格を再販売価格基準法で算出する場合には、この通常の利益

率を用いて算出しますので，A社の国外関連取引に係る独立企業間価格は，140（＝200－（200×30％））となります。したがって，所得移転金額は，20（＝160－140）となります。

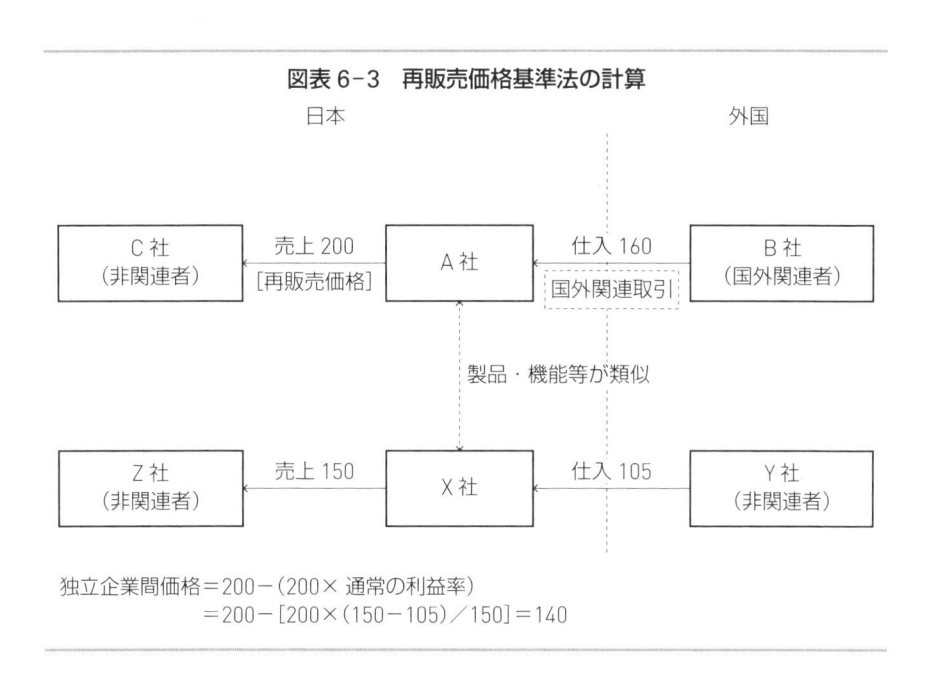

図表6-3　再販売価格基準法の計算

```
         日本                                    外国

┌─────────┐  売上200   ┌─────┐ 仕入160  ┌─────────┐
│  C社    │←─────────│ A社 │←────────│  B社    │
│(非関連者)│[再販売価格]│     │国外関連取引│(国外関連者)│
└─────────┘           └─────┘          └─────────┘
                        ┊
                  製品・機能等が類似
                        ┊
┌─────────┐  売上150   ┌─────┐ 仕入105  ┌─────────┐
│  Z社    │←─────────│ X社 │←────────│  Y社    │
│(非関連者)│           │     │          │(非関連者)│
└─────────┘           └─────┘          └─────────┘
```

独立企業間価格＝200－(200× 通常の利益率)
　　　　　　　＝200－[200×(150－105)／150]＝140

③原価基準法（CP: Cost Plus Method）

　原価基準法は，国外関連取引に係る棚卸資産の売手の取得価額の額に，通常の利潤の額を加算して計算した金額をもって国外関連取引の対価の額とする方法です（措法66の4②一ハ）。

　この通常の利潤の額は，原価の額に通常の利益率を乗じて算出しますが，通常の利益率は，国外関連取引に係る棚卸資産と同種または類似の棚卸資産を，購入，製造その他の行為により取得した販売者がその同種または類似の棚卸資産を非関連者に対して販売した比較対象取引に係るその販売者の売上総利益の額のその原価の額の合計額に対する割合とされています（措令39の

12⑦)。

例えば、X社は、非関連者であるZ社から製品を100で購入し、加工費20を加えて、これを同じく非関連者であるYに180で販売している場合には、X社の売上総利益の額は60（= 180 − 120）で、通常の利益率は50％（= 60/120）となります。

独立企業間価格を原価基準法で算出する場合には、この通常の利益率を用いて算出しますので、A社の国外関連取引に係る独立企業間価格は、225（= 150 +（150 × 50％））となります。したがって、所得移転金額は、25（= 225 − 200）となります。

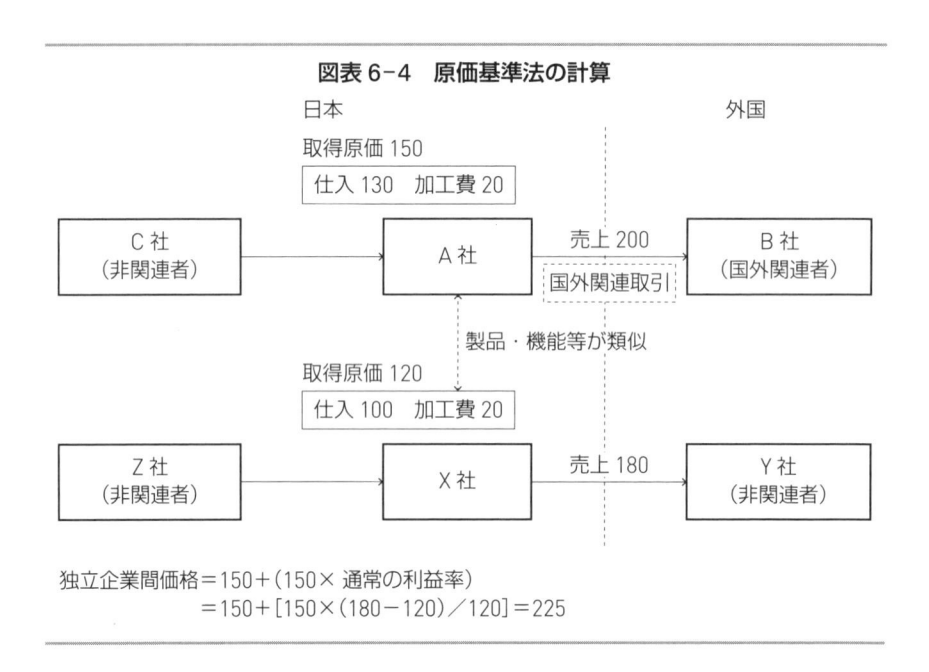

図表6-4　原価基準法の計算

独立企業間価格＝150＋(150× 通常の利益率)
　　　　　　　＝150＋[150×(180−120)／120]＝225

④利益分割法（Profit Split Method）

利益分割法は、国外関連取引に係る資産の販売等により売り手と買い手に生じた営業利益の合計額を、これらの者が販売等を行うために支出した費用

の額,使用した資産の価額等,その利益に寄与した程度を推測するに足りる要因に応じて分割した利益が法人および国外関連者に帰属するものと考え,これに基づいて計算した金額を国外関連取引の対価の額とする方法です(措法66の4②一ニ,措令39の12⑧一)。

この手法には,比較利益分割法(利益を分割する際に比較対象取引を基準にする方法),寄与度利益分割法(利益の分割を各当事者の寄与度を基準にする方法),残余利益分割法(まず基本的利益を算出し,残余の利益について

図表6-5 利益分割法の計算

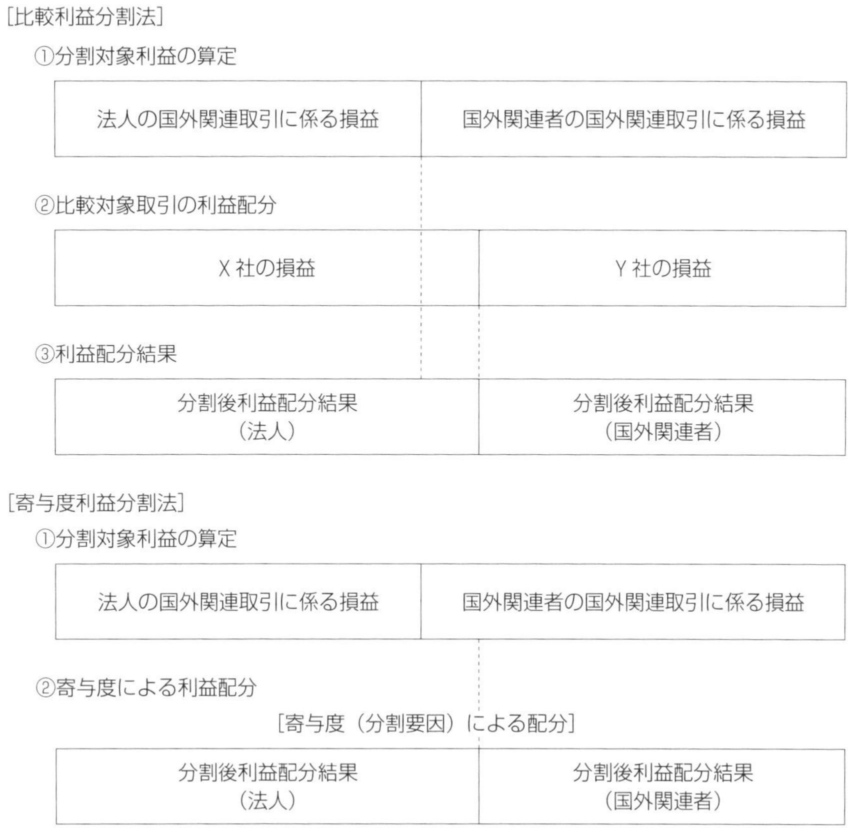

[比較利益分割法]

①分割対象利益の算定

法人の国外関連取引に係る損益	国外関連者の国外関連取引に係る損益

②比較対象取引の利益配分

X社の損益	Y社の損益

③利益配分結果

分割後利益配分結果 (法人)	分割後利益配分結果 (国外関連者)

[寄与度利益分割法]

①分割対象利益の算定

法人の国外関連取引に係る損益	国外関連者の国外関連取引に係る損益

②寄与度による利益配分

[寄与度(分割要因)による配分]

分割後利益配分結果 (法人)	分割後利益配分結果 (国外関連者)

[残余利益分割法]

①分割対象利益の算定

法人の国外関連取引に係る損益	国外関連者の国外関連取引に係る損益

②基本的利益の算定

基本的利益 (法人)	(残余利益等)	基本的利益 (国外関連者)

③残余利益等の配分

[残余利益等の配分要因]

残余利益等 (法人)	残余利益等 (国外関連者)

④利益配分結果

分割後利益配分結果 (法人)	分割後利益配分結果 (国外関連者)

は各当事者の無形資産の価値などを基準として分割する方法)があります。

⑤取引単位営業利益法（TNMM: Transactional Net Margin Method）

　取引単位営業利益法は，国外関連取引と類似の状況下で非関連者間において行われる同種または類似の取引（比較対象取引）に係る営業利益率などをベースとして独立企業間価格を算定する方法です（措法66の4②一ニ，措令39の12⑧二〜五）。

　具体的には，比較対象取引に係る売上高営業利益率（営業利益の額の収入金額に対する割合）を用いる方法，比較対象取引に係る総費用営業利益率（収入金額から営業利益の額を控除した金額に対するその営業利益の額の割合）を用いる方法，比較対象取引に係る営業費用売上総利益率を用いる方法（ベリー比を用いる方法）が規定されています。

図表 6-6　取引単位営業利益法の計算

［営業利益と売上総利益の関係］

売上高＝取得原価＋売上総利益

　　　＝取得原価＋（販売費・一般管理費＋営業利益）

［国外関連取引に係る資産の買い手の場合］

独立企業間価格＝再販売価格－（再販売価格

　　　　　　　　　×比較対象取引に係る売上高営業利益率＋販売費・一般管理費）

［国外関連取引に係る資産の売り手の場合］

独立企業間価格＝取得原価＋（取得原価＋販売費・一般管理費）

　　　　　　　　　×比較対象取引に係る総費用営業利益率＋販売費・一般管理費

(3)　独立企業間価格の幅（レンジ）

　国外関連取引に係る比較対象取引が複数存在し，独立企業間価格が，一定の幅を形成している場合において，その幅の中にその国外関連取引の対価の額があるときは，移転価格課税の発動は行われません（措通66の4(3)-4）。

　また，国外関連取引に係る比較対象取引が複数存在し，その比較対象取引に係る価格または利益率が形成する一定の幅の外にその国外関連取引に係る価格または利益率がある場合には，原則として，その比較対象利益率の平均値に基づき独立企業間価格を算定する方法を用いますが，中央値など，その比較対象利益率の分布状況などに応じた合理的な値が認められる場合には，これを用いて独立企業間価格を算定することも可能とされています（移転価格事務運営指針 3-5，3-7）。

6. 移転価格税制適用の効果

(1)　独立企業間価格による所得計算

　国外関連者との取引価額が，独立企業間価格と異なる場合には，その取引が独立企業間価格で行われてものとみなして法人税に関する法令の規定を適

用することになります(措法66の4①)。すなわち,納税者は,国外関連者との取引価格を独立企業間価格に引き直して申告する必要があります。

移転価格税制が適用されると,国外関連取引の対価の額と独立企業間価格との差額は,損金の額に算入されません(措法66の4④)。

(2) 国外関連者に対する寄附金

移転価格税制の適用の効果と平仄をとるため,法人が支出した国外関連者に対する寄附金の額は,損金不算入とされています(措法66の4③)。これは,企業が支出した一般的な寄附金は,一定の限度額で損金に算入することが認められているため,移転価格税制による適用の効果と同様に,国外関連者に対する単なる金銭の贈与や債務の免除などについても,その全額を損金に算入しないこととしているものです。

(3) 第二次調整について

移転価格課税が行われた場合,実際の取引価格と課税目的で認定された独立企業間価格の額に生じた差額に対して,新たな所得類型の認定を行い,課税処分を行うことを,第二次調整といいます。

わが国では移転価格課税に伴う第二次調整を行わないこととしており,海外への所得移転額については社外流出として取扱い,その所得について返還を受けた場合であっても益金に算入しないことを原則としています(措通66の4(9)-1,2)。

Ⅳ 移転価格税制の円滑な執行のための手続き

1. 情報の提出

(1) 国外関連者の保存する資料

調査担当者は,法人とその国外関連者との取引に関する調査について必要があるときは,法人に対し,その国外関連者の保存する帳簿書類またはその

写しの提示または提出を求めることができます。

法人は，この要求があった場合には，要求された帳簿書類などを，その国外関連者から入手するように努める必要があります（措法66の4⑦）。

(2) 申告時における報告

法人は，各事業年度においてその国外関連者との間で取引を行った場合には，その国外関連者の名称および本店または主たる事務所の所在地その他財務省令で定める事項を記載した書類（国外関連者に関する明細書）を，確定申告書に添付する必要があります（措法66の4⑮，措規22の10②）。

2. 推定による課税

法人が，独立企業間価格を算定するために必要と認められる書類またはその写しを，税務当局の要求後遅滞なく提示または提出しなかった場合には，税務署長は，法人が国外関連者と行った取引に係る事業と同種の事業を営む法人で，事業規模その他の事業の内容が類似するもののその事業に係る売上総利益率などを基礎として，独立企業間価格の算定方法により算定した金額を独立企業間価格として推定して，更正または決定をすることができます（措法66の4⑥，措令39の12⑪，⑫）。

この推定課税が行われた場合には，納税者は，自己の主張する価格が法定された方法による独立企業間価格であることを立証しないかぎり，課税当局の算定した価格が独立企業間価格となります。

3. 比較対象企業に対する質問検査権

調査担当者は，法人が独立企業間価格を算定するために必要と認められる書類またはその写しを遅滞なく提示または提出しなかった場合において，独立企業間価格を算定するために必要があるときは，その必要と認められる範囲内において，その法人の国外関連者との取引に係る事業と同種の事業を営む者に質問し，またはその事業に関する帳簿書類などの提示または提出を求めることができることとされています（措法66の4⑧）[2]。

通常の法人税の質問検査権には，法人税の調査対象者とその取引先を調査する権限は認められていますが，取引関係のない者に対する調査権限までは認められていません。しかし，移転価格税制の適正な執行の確保のためには，独立企業間価格の算定に必要な比較対象取引との比較や情報などが不可欠であり，比較対象企業からの情報収集についての法的根拠が与えられています。

4. 独立企業間価格を算定するために必要と認められる書類

独立企業間価格を算定するために必要と認められる書類は，図表6-6のとおりとなっています（措規22の10①）。

5. 更正決定などの期間制限の延長

移転価格税制の調査にあたっては，取引の内容，取引条件などの分析に長期間を要するほか，国外の関係会社などからの情報収集も必要となるため，課税当局が更正決定できる期間については，通常の法人税に比べて延長されており，6年とされています（措法66の4⑰）。

6. 納税の猶予

移転価格事案は更正金額が多額であり，かつ，無形資産取引などの場合には複雑な取引を対象とするため，相互協議などを経ての事案の解決には時間を要するケースが多くなっています。

納税者にとっては，この間の納税のためのキャッシュフロー負担は大きいため，相互協議の申立てを要件として，本税および加算税の納税を猶予する制度が設けられています。なお，猶予期間に対応する延滞税については，免除されています（措法66の4の2）。

---

2) この規定に基づいて同業者から収集した情報を用いて更正処分をした場合でも，税務職員に課せられる守秘義務との関係で，第三者情報を開示できないため，「シークレット・コンパラブル」と呼ばれています。ただし，この場合においても，守秘義務の範囲内でその内容を法人に対し十分説明することとされています（移転価格事務運営指針2-5）。

図表6-6　独立企業間価格算定のために必要な書類

国外関連取引に関する書類	・国外関連取引に係る資産の明細および役務の内容を記載した書類 ・国外関連取引において各当事者が果たす機能および各当事者が負担するリスク（為替相場の変動，市場金利の変動，経済事情の変化その他の要因による国外関連取引に係る利益または損失の増加または減少の生ずるおそれをいう。）に係る事項を記載した書類 ・国外関連取引において各当事者が使用した無形資産の内容を記載した書類 ・国外関連取引に係る契約書または契約の内容を記載した書類 ・国外関連取引において国外関連者から支払を受ける対価の額または国外関連者に支払う対価の額の設定方法およびその設定に係る交渉の内容を記載した書類 ・国外関連取引にける各当事者の損益の明細を記載した書類 ・国外関連取引に係る資産の販売，資産の購入，役務の提供その他の取引について行われた市場に関する分析その他市場に関する事項を記載した書類 ・各当事者の事業の方針を記載した書類 ・国外関連取引と密接に関連する他の取引の有無およびその内容を記載した書類
独立企業間価格を算定するための書類	・独立企業間価格の算定方法およびその選定の理由を記載した書類その他法人が独立企業間価格を算定するにあたり作成した書類 ・国外関連取引に係る比較対象取引の選定に係る事項およびその比較対象取引などの明細を記載した書類 ・利益分割法を選定した場合の各当事者の帰属金額を算出するための書類 ・複数の国外関連取引を一取引として独立企業間価格の算定を行った場合の理由および各取引の内容を記載した書類 ・比較対象取引などについて差異調整を行った場合のその理由およびその差異調整の方法を記載した書類

V 二重課税の排除・防止

1. 対応的調整

　わが国が移転価格課税を行った場合，わが国の増加所得に見合う所得が相手国において減額されなければ，企業グループ全体としてみると国際的な二重課税（経済的二重課税）が発生することになります。このような場合には，租税条約に基づく相互協議を通じて，両国の課税所得を調整する対応的調整が行われ，二重課税を排除することになります。

わが国が対応的調整を行う場合は，次の要件を満たす場合に行われます（実特法7①）。
① 条約相手国の法令に基づき，条約相手国の法人の課税標準などについて更正または決定に相当する処分があったこと
② ①の課税標準などに関し，財務大臣と条約相手国の権限ある当局との間の租税条約に基づく合意がなされた結果，内国法人などの所得金額のうち減額されるものがあること
③ 内国法人などが②の合意を受けて，更正の請求を行うこと（通法23②三）

なお，わが国の条約例では，OECDモデル9条2項の対応的調整の規定に，「当該他方の締約国との間で合意するとき」という文言を追加しており，両国の合意を条件として対応的調整（減額更正）を行う方針であることを租税条約上も明確にしています。

2. 事前確認制度（APA:Advance Pricing Arrangement）

事前確認制度は，納税者が税務当局に申し出た独立企業間価格の算定方法などについて，当局がその合理性を検証し，確認を与えた場合には，納税者がその内容に基づき申告を行っているかぎり，移転価格課税を行わないという制度です[3]。

わが国の当局との間でのみ確認を行うユニラテラル事前確認よりも，両国で相互協議の上，算定方法などについて確認を行う二国間（バイラテラル）事前確認の方が納税者にとっての法的安定性・予測可能性は高いため，現在では二国間の事前確認が多くなっています。

なお，将来の予測という性格上，独立企業間価格について一定の幅（レンジ）を設ける形で，確認を行うことが一般的となっています。

---

[3] 移転価格事務運営指針　第5章　事前確認手続。

> [column 5] **国外関連者寄附金と相互協議**
>
> 　国外関連者に対する寄附金については，移転価格税制の適用の効果との平仄をとるため，その全額が損金不算入とされています。
>
> 　この寄附金課税については，実際には経済的二重課税が生じてしまうにもかかわらず，基本的には，わが国の租税政策の観点から設けられている損金算入制限を，内国法人に対して適用する国内課税の問題であること，また，租税条約上の規律との関係では，相互協議の対象となる「租税条約の規定に適合しない課税」は生じていないことなどから，相互協議の対象外として取り扱われています[4]。
>
> 　わが国では，1986年の移転価格税制の導入に伴い，それまで付していたOECDモデル9条2項（対応的調整）の留保を1992年のモデル改訂の際に撤回し，最近の条約例では，すべてOECDモデル9条と同様な規定となっています。したがって，現在では，移転価格課税が行われた場合には，相手国は，その課税が独立企業間価格によれば得られたであろう所得を反映するものと考え，それに合意した場合には対応的調整を行うということを，互いに約しているといえます。
>
> 　この特殊関連企業条項の下では，移転価格課税の結果として生じた経済的二重課税が，相手国の対応的調整によって排除されていない状態が，相互協議の対象となる「租税条約の規定に適合しない課税」として位置づけることが適当と考えられます。
>
> 　国外関連者に対する寄附金についても，特殊関連企業条項の下での第一次調整として位置づけることにより，その適用によって生じた経済的二重課税が，相手国による対応的調整によって排除されていない状態を，「租税条約の規定に適合しない課税」を受けた場合として，納税者は，相互協議の申立てを行うことができると取り扱うことが適当ではないかと思われます。

---

[4] 羽床正秀「租税条約上の相互協議を巡る諸問題」国際税務，12巻7号，1992年，8頁，国際税務研究グループ『国際課税問題と政府間協議』大蔵財務協会，1993年，260頁など。

第7章

過少資本税制・過大利子税制

I 過少資本税制

1. 目 的

　わが国では1970年代以降，国際的なレベルでの租税回避行為に対抗するためのさまざまな立法措置を講じてきましたが，過少資本税制および過大利子税制は比較的新しい類型のものとなります。これらの税制はいずれも利子の過大な支払を通じて行われる租税回避行為に対応するためのものです。

　まず，過少資本税制ですが，これは1992（平成4）年に導入されました。わが国に進出してくる外国法人が子会社を設立して事業展開を行う場合，その資金調達の手段は出資によるか，あるいは借入によることとなります。その場合，出資した者に対して支払われる配当は損金とはなりませんが，借入をした者に対して支払われる利子は損金となります。しかも支払先が海外に所在する外国法人である場合は，わが国の法人税の税収は借入による場合の方が，損金算入を認められた分だけ確実に減少します。このように子会社がクロスボーダーで資金調達する場合，借入による場合が有利になることに着目して，親会社が意図的に出資に代えて貸付を増やすことで法人税の負担を軽減させることを防止するために設けられたのが過少資本税制です。そして，

その基本的な仕組みは出資の一定割合を超える借入に係る支払利子については，その損金算入を認めないというものです。

近年，わが国は特に先進国との間で締結された租税条約において，国内法上で支払利子額の15%（復興特別所得税を含めると15,315%）を源泉徴収することを義務づけた規定（所法161四，212①および213②）を大幅に減免していますので，この制度の果たす役割はより大きくなるものと思われます。

2. 制度の内容

(1) 過少資本税制とは

過少資本税制とは，内国法人が，各事業年度において，**国外支配株主等**または**資金供与者等**に負債（借入金）の利子を支払う場合において，その事業年度のそれらの者に対する平均負債残高が国外支配株主等の資本持分の額の3倍に相当する金額を超えるときは，その法人が支払う負債の利子の額のうち，その超える部分に対応する負債の利子の額は，その法人のその事業年度の損金の額には算入しないという制度です。ただし，その法人の事業年度の総負債に係る平均負債残高がその法人の事業年度の自己資本の額の3倍に相当する金額以下となる場合には，この規定は適用されないことになっています（措法66の5①）。

(2) 国外支配株主等・資金供与者等

この制度の対象となる，**国外支配株主等**とは，内国法人と50%（自己株式は除かれます。）以上の出資を直接または間接に保有する関係（親子・孫会社，兄弟会社）かあるいはその他の特殊な関係にある非居住者または外国法人をいいます（措法66の5⑤一）。出資以外の特殊な関係ですが，例えば，内国法人がその非居住者または外国法人に取引，資金あるいは役員の派遣の面で依存関係にある場合が該当します（措令39の13⑪）。また，**資金供与者等**とは国外支配株主等が，この税制の適用を避けるために，内国法人に対し，第三者を経由して資金の供与をしたと認められる場合や債務保証するこ

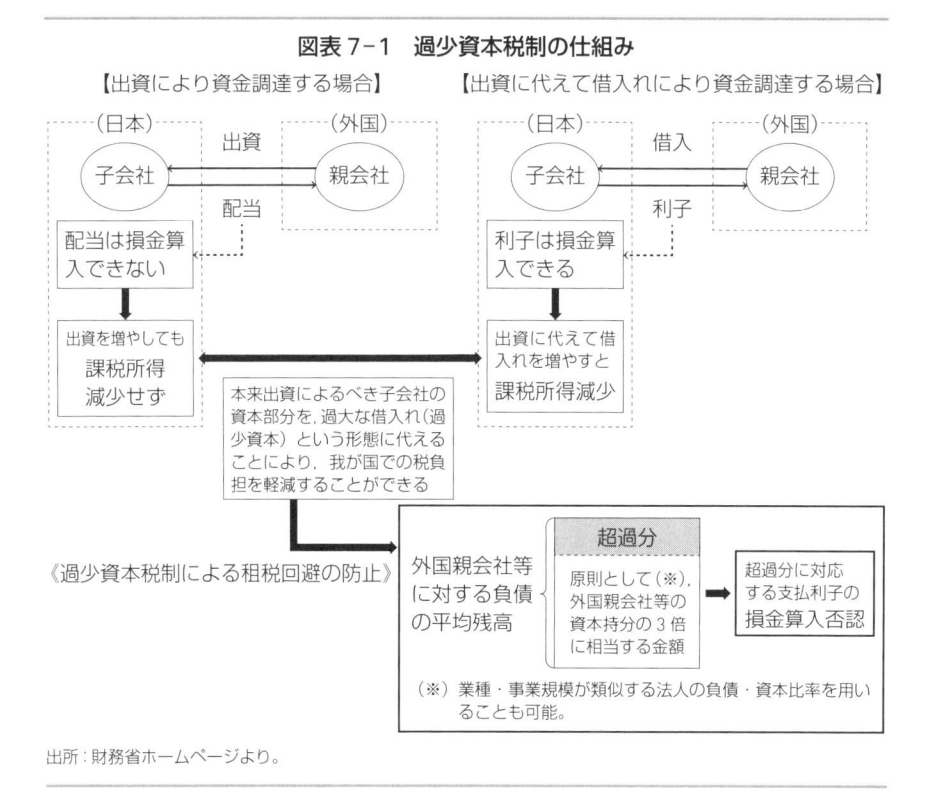

図表7-1 過少資本税制の仕組み

【出資により資金調達する場合】
- (日本)子会社 ←出資/配当→ (外国)親会社
- 配当は損金算入できない
- 出資を増やしても課税所得減少せず

【出資に代えて借入れにより資金調達する場合】
- (日本)子会社 ←借入/利子→ (外国)親会社
- 利子は損金算入できる
- 出資に代えて借入れを増やすと課税所得減少

本来出資によるべき子会社の資本部分を，過大な借入れ（過少資本）という形態に代えることにより，我が国での税負担を軽減することができる

《過少資本税制による租税回避の防止》

外国親会社等に対する負債の平均残高 — 超過分：原則として（※），外国親会社等の資本持分の3倍に相当する金額 → 超過分に対応する支払利子の損金算入否認

（※）業種・事業規模が類似する法人の負債・資本比率を用いることも可能。

出所：財務省ホームページより。

とで第三者（通常は金融機関）に資金の供与をしてもらうような場合におけるその第三者をいいます。

(3) 対象となる負債および負債の利子等

この制度の対象となる負債は，利子の支払いの基因となる負債，つまり利付の負債に限られます。また，負債の利子とは負債の利子およびその経済的な性質が負債の利子に準ずるものが該当し，負債の利子に準ずるものには手形の割引料や債務の保証料も含まれます（措法66の5④三，⑭，措令39の13⑮）。

次に平均負債残高という概念ですが，対象となる事業年度の負債の帳簿価

額の平均的な残高として合理的な方法により計算した金額とされていますが，具体的には，負債の帳簿価額を日々の残高や，各月末残高等で平均したものとなります（措法66の5⑤，措令39の13⑲，措通66の5-11）。

(4) 対象となる資本
①自己資本
　この制度における自己資本の額は内国法人の総資産の帳簿価額から総負債の帳簿価額を控除した残額をいいます。ただ，残額が法人税法に規定する資本金等の額に満たない場合は，その資本金等の額が自己資本の額となります
　なお，この場合の帳簿価額も上記(3)と同様に平均的な残高として合理的な方法により計算することになります（措法66の5⑤七，措令39の13㉓）。

②国外支配株主等の資本持分
　国外支配株主等の資本持分は内国法人の自己資本の額にその国外支配株主等の内国法人に対する直接および間接の持分割合を乗じて計算した金額となります（措法66の5⑤六，措令39の13⑳）。

(5) 損金不算入額の計算
①通常の計算
　損金不算入額の計算は次のようになります（措令39の13①）。
- 基準平均負債残高（国外支配株主等および資金供与者に対する負債のうち，国内の資金供与者に対するものを除いた金額）が国外支配株主等の資本持分の3倍以下の場合

損金不算入額＝国内の資金供与者等に対す負債に係る保証料等の額×平均負債残高超過額／国内の資金供与者等に対する負債に係る平均負債残高

　なお，平均負債残高超過額とは国外支配株主等および資金供与者等に対する負債のうち，国外支配株主等の資本持分の3倍の金額を超えた額をいいます。

　図表7-2では■印の部分が損金不算入額となります。

図表7-2　負債残高が国外支配株主等の資本持分の3倍以下の場合

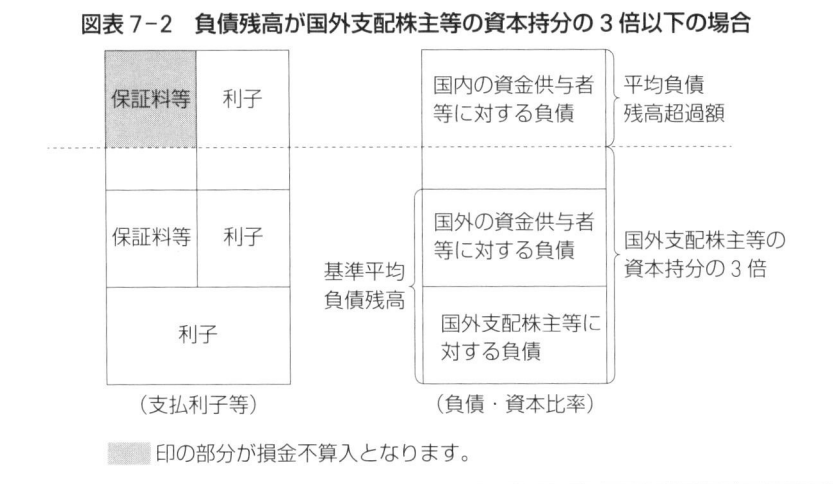

保証料等	利子	国内の資金供与者等に対する負債	平均負債残高超過額
保証料等	利子	国外の資金供与者等に対する負債	国外支配株主等の資本持分の3倍
	利子	国外支配株主等に対する負債	
（支払利子等）		（負債・資本比率）	

基準平均負債残高

▩印の部分が損金不算入となります。

● 基準平均負債残高が国外支配株主等の資本持分の3倍を超える場合

損金不算入額＝国内の資金供与者等に対する負債に係る保証料の額＋（国外支配株主等および資金供与者等に対する負債に係る負債の利子等－国内の資金供与者等に対する負債に係る保証料等の額）×【（平均負債残高超過額－国内の資金供与者等に対する負債に係る平均負債残高）／（国外支配株主等および資金供与者等に対する負債に係る平均負債残高－国内の資金供与者等に対する負債に係る平均負債残高）】

図表7-3では▩印の部分が損金不算入額となります。

② 類似法人の負債・資本比率を使用する場合の計算

①の通常の計算の特則として、国外支配株主等に係る負債・自己資本持分比率と総負債・自己資本比率の計算に際し、通常の3倍という倍数に代えてその法人と同種の事業を営む内国法人で事業規模その他の状況が類似するものの負債・自己資本比率に照らし、妥当な倍数を用いることが認められています（措法66の5③）。そして、この場合の妥当な倍数には内国法人の当該事業年度終了の日以前3年以内に終了した類似法人の各事業年度のうちいず

図表7-3　負債残高が国外支配株主等の資本持分の3倍を超える場合

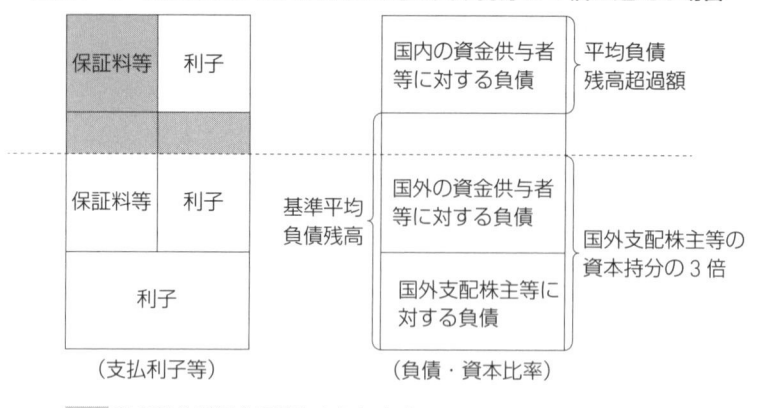

印の部分が損金不算入となります。

れかの事業年度終了の日における比率が使用されます（措令39の13⑩）。

　なお，この特則の適用を受けるためには，対象となる法人が類似法人の負債・資本比率を使用する旨の書面を確定申告書に添付するとともに，関連する資料を保存している必要があります（措法66の5⑨）。

　この，過少資本制度税制の適用対象者は国外支配株主等から出資を受けた内国法人に限定されるため，国外支配株主等からの借入金が資本持分の3倍を超える場合に一律に損金不算入とすることは，租税条約上の無差別条項（OECD24④）に抵触するのではないかという批判に配慮し，より実態に即した倍率の主張があれば，それを認めることとしたものと考えられます。

(6) 特　例

　国外支配株主等および資金供与者等に対する負債の中に，**レポ取引**と呼ばれている取引[1]による負債があり，それが借入と貸付の対応関係が明らかなものである場合，国外支配株主等および資金供与者等に対する負債とこれらの者に支払う負債利子からは，レポ取引に係るものを控除したものをこの制度の対象となる負債及び負債の利子等の額とすることができるという特例が

あります。

　この特例は金融機関が行う借入と貸付との間に対応関係があるレポ取引が，自分が借入れるのではなく，資金調達の仲介をするだけの取引であり，しかもその借入額が巨額となることがあるため，こうした取引を他の国外支配株主等からの借入と区別する必要が生じたことにより設けられたものです。

　そして，このレポ取引に係る負債を控除後の国外支配株主等に対する負債・持分比率と総負債・自己資本比率のいずれについても，それを超えると損金不算入となる倍数は3倍ではなく2倍となるとされています（措法66の5②）。

　なお，この特例を受ける場合についても，レポ取引に係る負債がある旨を記載した書面とレポ取引に関する負債の平均残高および負債利子等の額の計算書を確定申告書に添付するとともに，関連する資料を保存している必要があります（措法66の5⑥）。

II 過大支払利子税制

1. 目　的

　近年，主要先進国においては，関連者の間で借入を恣意的に設定することで過大な利子を計上するという租税回避行為に対抗する手段として，何らかの形で支払利子の損金算入を制限する措置が相次いで制度化されてきております。わが国でも，支払利子の利率が過大な場合であれば移転価格税制，資本に比べて負債が過大な場合は過少資本税制により，こうした支払利子を通じた租税回避に対応してきました。しかしながら，これらの対抗措置では所得金額に比して過大な利子を関連者間で支払うといった手口に対しては十分な対応ができないため，2012（平成24）年度の税制改正で新設されたのが過

1）過少資本税制の対象となる**レポ取引**は特定債券現先取引等と呼ばれており，特定の債券現先取引や現金担保付債券貸借取引が該当します（措法66の5⑤八，措令39の13㉘）。なお，現先取引とは，債券等をいったん売却し，あらかじめ定めた価格で同種・同量の債券を買い戻すという取引であり，債券売買の形をとるものの，実質は債券を担保にした短期の金融取引です。

大支払利子税制です。

2. 制度の内容

(1) 過大支払利子税制とは

過大支払利子税制とは，法人が関連者等への支払利子がある場合に，その事業年度のこの**関連者純支払利子等**の額が，その法人の**調整所得金額**の50％を超えるときは，その超える部分の金額は，その法人の所得の金額の計算上，損金の額に算入しないという制度です（措法66の5の2）。

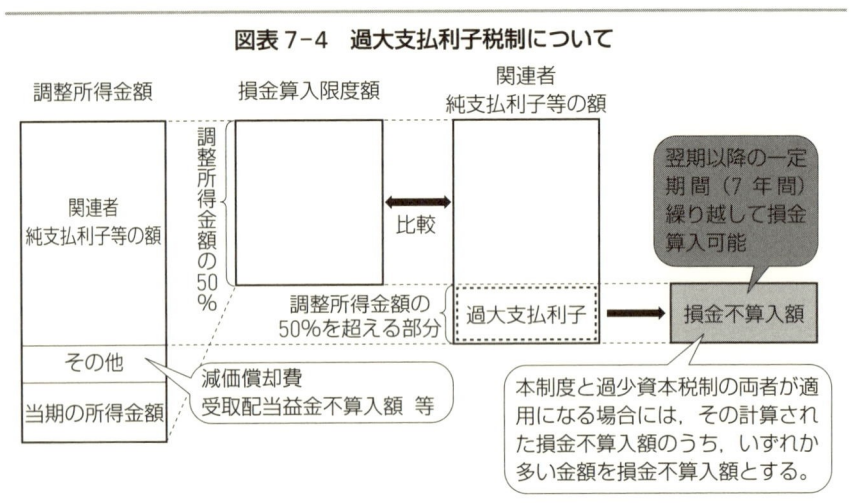

図表7-4 過大支払利子税制について

調整所得金額	損金算入限度額	関連者純支払利子等の額	
関連者純支払利子等の額	調整所得金額の50％	←比較→	翌期以降の一定期間（7年間）繰り越して損金算入可能
その他	調整所得金額の50％を超える部分	過大支払利子	→ 損金不算入額
当期の所得金額	減価償却費 受取配当益金不算入額 等	本制度と過少資本税制の両者が適用になる場合には，その計算された損金不算入額のうち，いずれか多い金額を損金不算入額とする。	

注：関連者純支払利子等とは関連者等（直接・間接の持分割合50％以上または実質支配・被支配関係にある者およびこれらの者による債務保証を受けた第三者等）への支払利子等の額（利子等の受領者側でわが国の法人税の課税所得に算入されるもの等を除く。）の合計額からこれに対応する受取利子等の額を控除した残額をいう。
出所：財務省ホームページより一部修正。

(2) 適用対象者

この制度では法人と関連者等との支払利子が適用対象となりますが，法人には内国法人だけでなく外国法人も含まれます。また，関連者には発行済株

式等の総数・総額の50％以上を直接・間接に保有する関係にある法人（内国法人・外国法人）および個人（居住者・非居住者），さらには一定の第三者（例えば関連者の債務保証により，法人に資金を提供する者）も含まれます（措法66の5の2②，措令39の13の2⑧，⑩，⑬）。

(3) 関連者純支払利子等の額

　関連者純支払利子等の額とは，その事業年度の関連者支払利子等の額の合計額から控除対象受取利子等の合計額を控除した残額をいいます（措法66の5の2①）。

　この場合，関連者支払利子等には，法人の関連者等に対する支払利子に加え，支払利子に準ずるものとして，手形割引料，リース取引における利息相当額，さらには，借入れに伴い支払われる債務の保証料も含まれます（措法66の5の2②，措令39の13の2②，③）。ただ，関連者等の課税対象所得に含まれることになる支払利子（総合課税の対象となる利子）や借入れと貸付の対応関係が明らかなレポ取引（債券現先取引等）に係る利子は除外されます。

　また，控除対象受取利子等とは，法人が当該事業年度において受取る利子の総額を関連者支払利子の合計額の支払利子の合計額に対する割合を乗じた金額となります（措法66の5の2③）。

(4) 調整所得金額

　調整所得金額とは，当期の所得金額に関連者純支払利子等の額，損金に計上された減価償却費，受取配当益金不算入額等を加算したものです。なお，外国子会社合算税制との関係で本制度との調整対象となる合算所得の金額は減算されます（措令39の13の2①）。

(5) 超過利子額の損金算入

　過大支払利子税制の適用により，損金算入を認められなかった関連者等に係る支払利子等の金額を超過利子額と呼びますが，法人の各事業年度開始の日前7年以内に開始した事業年度において超過利子額がある場合には，その

超過利子額相当額は，各事業年度の調整所得金額の50％に相当する金額から関連者純支払利子等の額を控除した残額に相当する金額を限度として，当該各事業年度の所得の計算上，損金の額に算入されます（措法66の5の3①）。

つまり，超過利子額として繰越されてきた損金不算入額は関連者純支払利子等が少額で調整所得金額の50％相当額に満たない場合にその50％相当額と支払利子額の差額分だけ損金算入が認められることとなります。

なお，この損金算入を認めてもらうためには，超過利子額に係る事業年度のうち最も古い年度以後の確定申告書に超過利子額に関する明細書等を添付しておくとともに，損金算入する事業年度の確定申告書にはその損金算入金額の記載とその計算に関する明細書の添付が必要になります（措法66の5の3⑧）。

(6) 適用除外

次のいずれかに該当する場合には，この制度の適用はありません（措法66の5の2④）。

① 法人の事業年度の関連者純支払利子等の額が1,000万円以下の場合
② 法人の事業年度の関連者純支払利子等の額がその事業年度の利子等の額の合計額の50％以下である場合

なお，適用除外規定の適用を受けるためにも，確定申告書において，適用除外の適用がある旨の記載と計算書類の添付，そして計算に関連した書類の保存が必要となります（措法66の5の2⑤）。

(7) 他の制度との関係

本制度と過少資本税制の双方が適用になることが考えられますが，その場合は，両制度により計算された損金不算入額のうちいずれか多い金額を当期の損金不算入額とします（措法66の5の2⑦）。

また，関連者が外国子会社合算税制適用対象となる子会社に該当する場合には，内国法人が同社に対し支払った利子等で本制度により損金不算入となる金額から外国子会社合算税制による合算所得に相当する金額が控除されます（措法66の5の2⑧）。

[column 8] 過少資本税制とAOA

　2014(平成26)年度税制改正により,わが国でもOECDのAOAアプローチが導入されることとなり(第2章Ⅱ2(3)③参照),外国法人のPEが本店等から分離・独立した企業であると擬制されることとなりましたが,その場合,AOAは当該PEが分離・独立した企業であれば必要とされる程度の資本の金額,すなわち税務上のあるべき資本金額を,PEに帰せらるべき資本(**PE帰属資本**)の額とすべきとしています。そして仮にPEに係る純資産の帳簿価格の平均的な残高として合理的な方法により計算した自己資本に相当する金額が当該PE帰属資本の金額に満たなかった場合は,その満たない金額に相当するPEの負債に係る利子は損金不算入となります(新法法142の4①)。

　PE帰属資本の計算ですが,わが国では次のいずれかの方法により計算されることとなっています(新法令188②)。

- 資本配賦法(資本配賦アプローチ)

　外国法人の自己資本の額に外国法人の資産の額に対するPE帰属資産の額の割合を乗じて計算した金額をPE帰属資本の額として配賦する方式です。

　この場合の外国法人の資産の額およびPE帰属資産の額は,信用リスク,市場リスク,業務リスクおよびその他のリスクを考慮した金額(リスクを勘案した資産額)とします。ただし,金融機関以外の外国法人の場合は資産の帳簿価額で配賦すること(簡便法)も認められています。

- 同業法人比準法(過少資本アプローチ)

　わが国において同種の事業を行う法人で事業規模その他の状況が類似する法人の資産の額に対する自己資本の額の割合をPE帰属資産の額に乗じた額をPE帰属資本の額として配賦する方式です。

　この場合も,比較される法人の資産の額およびPE帰属資産の額はリスクを勘案した資産額となりますが,金融機関以外の外国法人であれば,比較される法人の帳簿価額による負債資本比率(簡便法)による配賦も認められています。

なお，どちらの方法によるかは外国法人の任意の選択に任されますが，一度選択した場合はその継続適用が義務づけられています。

　このように，過大な利子支払を損金不算入とする規定は外国法人のPEのように現実には資本が存在してないようなケースにおいても適用される場合があることとなります。ちなみに，この税制については2016（平成28）年4月以降開始事業年度から適用される予定です。

図表7-5　PEに対する資本の配賦（資本配賦法）を通じた
　　　　　利子損金算入制限のイメージ

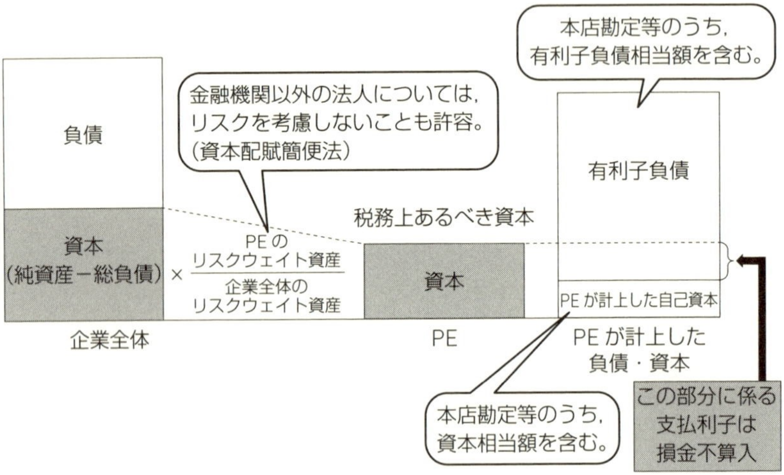

【損金不算入額の計算】

$$損金不算入額 = PEを通じて行う事業に係る負債利子 \times \frac{PEに帰せられるべき資本の額 - PEが計上した自己資本の額}{PEの有利子負債平均残高}$$

出所：財務省作成資料より一部修正。

第8章

相続税・贈与税と国際課税

I 相続税法の納税義務者

1. 相続税法の国際的側面

　相続税法が対象としている相続税・贈与税の納税義務者は，無制限納税義務者と制限納税義務者とに分類されます。**無制限納税義務者**は，わが国との間で何らかの人的関係（属人性）があると考えられることから国内財産だけではなく国外財産についても課税財産の範囲に含められています。**制限納税義務者**については，わが国との間で人的関係があるからではなく，財産がどこに所在（属地性）しているかを課税の根拠としていますので，わが国に所在しているとされている国内財産を課税財産の範囲としています。

　無制限納税義務者の場合には，国外財産が所在している国との間であるいは無制限納税義務者の範囲が競合する国（例えば，納税義務者の要件として，ある国は，住所を基準とし，他方の国は，国籍を基準としている場合など）との間で国際的な二重課税が発生する可能性があります。制限納税義務者の場合には，その者が無制限納税義務者とされる国との間で国際的な二重課税が発生する可能性があります（わが国で国内財産とされているものが他国においても国内財産とされるのであれば，その場合にも国際的な二重課税

が発生する可能性があります。)。このような国際的な二重課税は、国内法あるいは租税条約によってできるだけ排除することが求められます。

　わが国との間での何らかの人的関係（属人性）としては、相続税法において基本的には、「住所」が基準になるものとして規定されていましたが、最近は、「国籍」条項も併用されています。「住所」だけを基準にしていると計画的に国外に「住所」を移すことによって、比較的容易に相続税・贈与税の租税回避を行うことができるため「国籍」条項も併用するようになったという経緯があります。

　わが国の場合、相続または遺贈あるいは贈与により財産を取得することを対象として課税する**遺産取得課税方式**を原則として採用しています。そして納税義務者は、相続人、受遺者または受贈者とされていますので、これらの者の「住所」または「国籍」の判定が重要となります。一方、遺産を課税の対象とする**遺産課税方式**を採用する国においては被相続人、遺贈者または贈与者の「住所」または「国籍」の判定が重要となります。相続税・贈与税のこのような各国における課税方式とそれに基づく課税要件の違いを利用して租税回避が行われることがあります。

2. 相続税の納税義務者と課税財産の範囲

　1950（昭和25）年のシャウプ税制により遺産取得課税方式を採用して以来、相続税法上の無制限納税義務者に該当するか否かは、その者が国内に「住所」があるか否かだけが基準とされてきました。

　その後、消費者金融会社の創業者がその会社の役員でもある長男を相続税法のない国に設立した現地法人の役員として移住させた後、国外財産を贈与し、わが国の贈与税を回避（結果的には、どの国においても贈与税は課税されないスキーム）しようとした事件がありました（最判平成23年2月18日判時2111号3頁）。そのため、2000（平成12）年の税制改正により無制限納税義務者に該当するか否かについて「国籍」条項も併用されるようになりました。

　また、両親ともに日本国籍ですが子供のアメリカ国籍取得のためアメリカ

において出生し，アメリカ国籍だけを取得（日本国籍は放棄）していた孫のため祖父がニュージャージー州の法律に準拠し，孫を受益者として信託を設立し，わが国の贈与税を回避しようとした事件がありました（名古屋高判平成25年4月3日訟月60巻3号618頁）。そのため，2013（平成25）年の税制改正により無制限納税義務者に該当するか否かについて相続人，受遺者または受贈者の「住所」だけでなく被相続人または贈与者の「住所」も考慮されるようになりました。

(1) 無制限納税義務者

相続または遺贈により財産を取得した個人のうち次の者は，無制限納税義務者とされています

①その財産を取得したときにおいて日本国内に住所を有する場合（相法1の3一）

　相続または遺贈により財産を取得した個人のうちその財産を取得したときにおいて日本国内に住所を有していない場合であっても次の条件に該当する者については，無制限納税義務者とされています（相法1の3二）。

②その個人が日本国籍を有しており，かつ，その個人または被相続人がその相続開始前5年以内のいずれかの日において日本国内に住所を有していた場合

③その個人は日本国籍を有していないが，被相続人がその相続開始時において日本国内に住所を有していた場合

無制限納税義務者については，相続または遺贈により取得した財産の全部（国内財産および国外財産）が課税財産とされます（相法2①）。

(2) 制限納税義務者

無制限納税義務者に該当しない者は，制限納税義務者とされ，相続または遺贈により取得した国内財産だけが課税財産とされます（相法2②）。

3. 贈与税の納税義務者と課税財産の範囲

(1) 無制限納税義務者
贈与により財産を取得した個人のうち次の者は，無制限納税義務者とされています
①その財産を取得したときにおいて日本国内に住所を有する場合（相法1の4一）

贈与により財産を取得した個人のうちその財産を取得したときにおいて日本国内に住所を有していない場合であっても次の条件に該当する者については，無制限納税義務者とされています（相法1の4二）。
②その個人が日本国籍を有しており，かつ，その個人または贈与者がその贈与前5年以内のいずれかの日において日本国内に住所を有していた場合
③その個人は日本国籍を有していないが，贈与者がその贈与時において日本国内に住所を有していた場合

無制限納税義務者については，贈与により取得した財産の全部（国内財産および国外財産）が課税財産とされます（相法2の2①）。

(2) 制限納税義務者
無制限納税義務者に該当しない者は，制限納税義務者とされ，贈与により取得した国内財産だけが課税財産とされます（相法2の2②）。

4. 住所の意義

租税法が用いている概念につき他の法分野で用いられているものについては（これを「借用概念」と呼んでいます。），他の法分野と同じ意義に解すべきとするのが通説・判例です[1]。相続税法上の「住所」については，民法22条に規定する「住所」の借用概念であると解されていますので，「住所」とは，

---
1) 金子宏『租税法（第20版）』弘文堂，2015年，117頁。

「各人の生活の本拠」と解すべきこととなります。もっとも，民法上，各人の生活の本拠とは何かということについて必ずしも明確になっているわけではありませんので結局は，解釈に委ねられている部分が大きいということになります。

相続税法の住所の認定基準について，判例は，次のように判示しています（東京地判平成19年5月23日訟月55巻2号267頁）。

　「一定の場所がある者の住所であるか否かは，租税法が多数人を相手方として課税を行う関係上，客観的な表象に着目して画一的に規律せざるを得ないところからして，一般的には，住居，職業，国内において生活を一にする配偶者その他の家族を有するか否か，資産の所在等の客観的事実に基づき，総合的に判定するのが相当である。」

課税実務において，日本国籍等を有している者が相続，遺贈または贈与によって財産を取得したときに日本を離れている場合であっても次の者の住所は，国内にあるものとされています（相基通1の3・1の4共―6）。
①学術，技芸の習得のため留学している者で日本にいる者の扶養親族となっている者
②国外において人的役務の提供（勤務など）をする者でその人的役務の提供が短期間（おおむね1年以内）であると見込まれる者

なお，国外出張，国外興行等により一時的に日本を離れているにすぎない者の住所は，国内となります。

II 財産の所在

相続税法は，財産を14種類に分類してその所在地を規定しています（相法10①，②）。また，どの種類にも該当しないものについては，その財産の権利者であった被相続人または贈与者の住所地としています（相法10③）ので相続税法は，すべての財産についてその所在地を定めていることになります。

相続または遺贈あるいは贈与の対象となった財産がどこに所在しているか

は，無制限納税義務者にとっては，外国税額控除の控除限度額に影響することとなります。また，制限納税義務者にとっては，課税財産の範囲を決定するものとなります。

　財産の所在の主なものは，次のとおりです。
① 動産・不動産・不動産の上に存する権利については，その動産・不動産の所在場所となります。金銭（貨幣）は，動産の中に含まれると解されています。
② 金融機関に対する預金，貯金，積金または寄託金は，その受け入れをした営業所または事業所の所在地によります。
③ 保険金については，その保険契約に係る保険会社の本店または主たる事務所の所在地となりますが，国内に本店または主たる事務所がない場合には，国内においてその保険契約に係る事務を行う営業所・事務所等の所在地となります。
④ 貸付金債権については，その債務者の住所または本店もしくは事務所の所在地によります。売掛債権は事業上の取引から生ずるものであり，貸付金債権の中には含まれないと解されています。
⑤ 社債・株式・法人に対する出資については，その社債の発行法人，その株式の発行法人，その出資のされている法人の本店または主たる事務所の所在地によります。所得税法等の不動産関連法人株式という概念は，ありません。
⑥ 集団投資信託・法人課税信託については，これらの信託の引受けをした営業所・事務所等の所在地によります。外国投資信託は，集団投資信託に含まれます。
⑦ 営業上・事業上の権利については，その営業所または事業所の所在地によります。事業等との関連性が重視されています。
⑧ 国債・地方債は，国内に所在するとされ，外国または外国の地方公共団体等の発行する公債は，その外国に所在するものとされます。

III 国外財産に係る外国税額控除

相続税または贈与税の無制限納税義務者が国外財産を取得した場合において，その国外財産所在地国から相続税または贈与税に相当する税が課せられるとすると国際的な二重課税が生ずることとなります。その場合，国内法（相続税法）により，あるいは租税条約があれば，その租税条約を基本として国際的な二重課税の調整が図られることとなります[2]。

国際的な二重課税の調整方法として，**外国税額控除方式**と**国外財産免除方式**とが考えられますが，相続税法は，外国税額控除方式を採用しています（相法20の2，21の8）。日米相続税条約も同様に外国税額控除方式を採用しています。

相続税法は，控除対象外国税額として国外財産の所在地において課された相続税に相当する額または贈与税に相当する額としていますが，国際的な二重課税の調整の趣旨から日本におけるその国外財産に係る相続税額または贈与税額を限度額としています。すなわち，相続税については，次の算式によって計算された金額が控除限度額となります（贈与税についても同様）。

$$日本の相続税額 \times \frac{国外財産の価格（債務控除後）}{相続または遺贈により取得したすべての財産に係る課税価格（債務控除後）}$$

この控除限度額の計算は，国外財産の所在する国ごとに計算する**国別限度額方式**ではなく，すべての国外財産を一括して計算する**一括限度額方式**が採用されています。

相続税または贈与税は，所得税や法人税と異なり，人為的に事業年度ごとに計算しているという性質のものではありませんので控除限度超過額の繰越控除や控除余裕額の繰越控除といった制度はありません。

---

[2] わが国としては，1955年にアメリカとの間で締結された「遺産，相続および贈与に対する租税に関する二重課税の回避および脱税の防止のための日本国とアメリカ合衆国との間の条約」が唯一のものです。

第9章

消費税と国際課税

I 消費税における国際課税

　消費税における国際課税とは何でしょうか。
　所得税や法人税といった所得を対象とした直接税は個人あるいは法人に帰属する所得を課税対象としており，その者が複数の国で活動する場合には，その者の活動の本拠地のある国（居住地国）はその者の全世界所得に課税する権限を有し，所得の源泉地となった国（源泉地国）は国内源泉所得に課税する権限を有するものとされています。したがって，居住地国の課税と源泉地国の課税が構造的に重複することから，こうした国際的な二重課税の排除が必要となります。
　これに対して，わが国の消費税のような消費を対象とした間接税の場合には，物品やサービスの供給といった取引を課税対象とし，消費が行われた場所としての取引の場所の所在する国がその消費に課税する権利を有すると考えられています。したがって，直接税におけるような国際的な二重課税が発生することはありません。
　しかしながら，間接税が課税対象とする取引は供給者と顧客の二者の存在を前提とし，物品やサービスを提供する供給者が顧客から税を含めて対価を受け取り供給者が税を国に納付するという仕組みをとっていることから，供

給者の所在地国と顧客の所在地国が異なる場合に，その課税は国際的な側面をもつことになります。

ただし，こうした取引のうち物品が国境を越える場合は，国境に設けられた税関が物品の出入りを監視し，関税とともに消費税などの間接税の課税も行っています。すなわち，物品が国内から国外に出ていく場合には輸出として免税とし，物品が国外から国内に入ってくる場合には輸入として引取課税の対象とすることで，消費税の国境調整が可能となっています。

しかしながら，サービスや無形資産の取引は，国境を越えて行われても，税関の監視の対象となりません。そして，近年に至り，こうした取引がインターネットの発展とともに増加しています。

本章では，こうしたサービスや無形資産の国境を越える取引の扱いを消費税の国際課税として捉え，若干の説明を試みます。

まず，現行法の仕組みを見ておきましょう[1]。

II 現行消費税法の取扱い

わが国の消費税法における国際課税に関連した主要な規定を見ていくと，次のとおりです。

まず，国内で行われた取引としての資産の譲渡等は，国内の範囲を定義した上で，課税対象とされています（消法4①，③）。したがって，国外で行われた取引は，課税対象から除外されます。

その上で，国内で行われた取引のうち，国内から国外に出ていく物品は輸出として免税とされています（消法7）。

さらに，国外から国内に入ってくる外国貨物については，保税地域（国内ではあっても国外と見なされている地域）からの引取りが課税対象とされて

---

[1] 国内法では，課税対象となる物品やサービスの供給のことを資産の譲渡等（すなわち，資産の譲渡および貸付ならびに役務の提供）と称していますが，物品の供給は有形資産の譲渡に対応し，サービスの供給はそれ以外の取引（無形資産の譲渡や役務の提供など）に対応します。

います（消法4②）。

ここで，国内か否かの判定についての主要なルールを見ていくと，次のとおりです。

まず，資産の譲渡または貸付の場合ですが，その取引が行われるときにその資産が所在していた場所が国内であるものを国内取引としています（消法4③一）。

役務の提供の場合は，当該役務の提供が行われた場所が国内であるものを国内取引としています（消法4③二）。

さらに，取引の種類に応じて具体的な判定基準を定めるとともに，国内であるか否かが明白でない場合には，資産の譲渡または貸付を行う者の譲渡または貸付に係る事務所等または役務の提供を行う者のその役務の提供に係る事務所等の所在地が国内である場合を国内取引と判定することとしています（消令6①十，②七）。すなわち，取引の場所が明白でない場合には，供給者の所在地をもって国内か否かを判定することとされています。

ただし，2015年度の税制改正により，役務の提供のうちの一部の取引（電気通信利用役務の提供）について，顧客の所在地をもって国内か否かを判定するものとされました。

III 原産地主義と仕向地主義

上記のとおり，取引の場所が明白でない場合には供給者または顧客の所在地をもって国内か否かの判定が行われるのですが，こうした取引の場所が明白でないものの代表的なものとしては，近年急速に発展しているインターネット等の電子的な手段を用いた取引があげられます。ここで，供給者の所在地をもって取引の場所と判定する考え方を**原産地主義**（origin principle），顧客の所在地をもって取引の場所と判定する考え方を**仕向地主義**（destination principle）といいます。

わが国では，従来，取引の場所が明白でない場合には原産地主義を原則としていましたが，これは，原産地主義が課税の執行面で好都合であったこと

によると考えられます[2]。しかしながら，このことは，国外の供給者が国内の顧客にインターネットを通じてサービスを供給した場合には，その取引は国外取引とされ，課税対象とされないことを意味します[3]。

したがって，電子書籍の配信のようなインターネットを通じた取引を想定すると，国内の供給者は課税され，国外の供給者は課税されないという事態となり，事業者間の中立性が維持されず，不公正な結果となります。

そこで，前述のとおり，2015年度に課税原則の見直しが行われ，**電気通信利用役務の提供に該当するもの（電子書籍，音楽，映像の配信など）にかぎり**仕向地主義を適用し，顧客の所在地に基づいて国内か否かを判定することとされました（消法2①八の3，4③）。

なお，この場合にも，原則として供給者が納税義務者となるのですが，ネット広告の配信のように，取引条件等から国内の顧客が課税事業者と判断される取引（事業者向け電気通信利用役務の提供）については，供給者ではなく顧客が納税義務者となるものとされています（消法5①）[4]。

---

2) 供給者と顧客の距離が近い場合には，供給者の所在地を課税の場所としても，結果的に顧客の所在地での課税となることから，多くの場合において問題は生じません。ところが，インターネットによる取引のように供給者と顧客が遠く離れていることが多い取引の場合には，供給者の所在地での課税は必ずしも顧客の所在地での課税となりません。

3) 他方で，同様のサービスを国内の供給者が提供した場合には，供給者が国内にいることから国内取引として課税対象となります。ただし，顧客が国外にいる場合には輸出類似取引として免税とされることになります。

4) 物品が輸入される場合にも顧客が納税義務者となるのですが，この場合には，輸入される外国貨物を監視している税関に納税することになります。

column 9　リバースチャージ

　間接税では，物品やサービスの供給者を納税義務者とし，供給者が顧客から受け取った税の申告と納税を求めるのが通常の課税方式です。これは，間接税の執行上の効率性を踏まえたものです。

　ところが，供給者よりも顧客を納税義務者とした方が課税上好都合な場合があり，それが国境を越えた取引に対する課税です。特に，物品（有形資産）の場合には，税関の監視のもとで課税されるので，顧客を納税義務者とするのが合理的です。しかしながら，サービスや無形資産の場合には，税関の監視がありません。そこで，税関に代わる何らかの課税の工夫が必要となります。

　まず，顧客が消費者の場合ですが，顧客は国内にいるとしても，消費者に納税を求めるのは現実的ではありません。そこで，間接税の通常の仕組みに基づいて，供給者に納税を求めることになります（図表9-1参照）。こうした課税方式は**国外事業者申告納税方式**と称されています（消法5①）。ただし，供給者は国外にいることから，納税義務者と税務当局の双方にとって，執行面で大きな困難が予想されます。

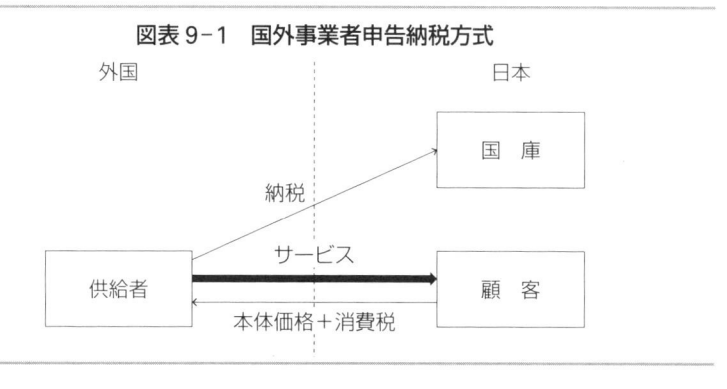

図表9-1　国外事業者申告納税方式

　次に，顧客が事業者の場合ですが，顧客が消費税の納税義務者であることから，顧客に納税を求めることが合理的な方法となります。顧客に納税を求めるのは，通常の課税方式とは逆という意味で**リバースチャージ方式**と称されています（図表9-2参照）。

図表9-2　リバースチャージ方式

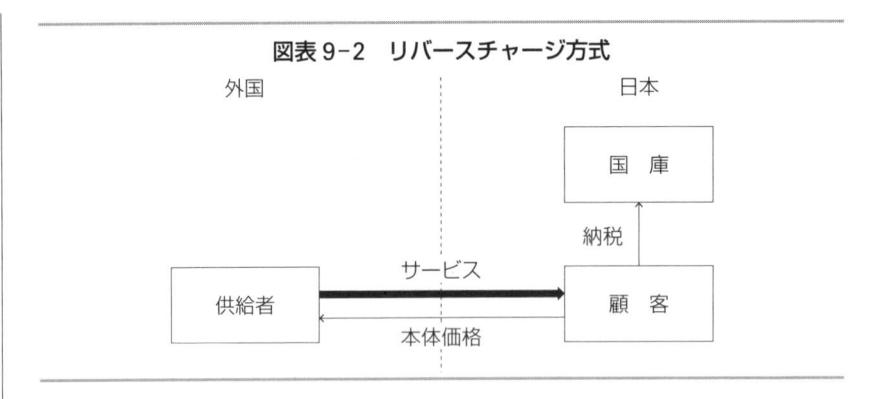

```
        外国              |              日本
                          |
                          |                ┌─────┐
                          |                │ 国 庫 │
                          |                └─────┘
                          |                   ↑
                          |                   │ 納税
                          |                   │
        ┌─────┐    サービス    ┌─────┐
        │供給者│ ──────────→ │ 顧 客 │
        └─────┘    本体価格    └─────┘
                  ←──────────
```

　なお，わが国の特殊事情としてインボイス制度が導入されていないことから，供給者からみて顧客が納税義務者か否かを区分することは容易でありません。そこで，個々の取引の特徴に着目し，顧客が通常事業者であると判断される場合（「**事業者向け電気通信利用役務の提供**」の場合）にかぎり，リバースチャージ方式を適用することとされています（消法2①八の4, 5①）。

Ⅳ 国際的な課税ルールの必要性

　経済のグローバル化やインターネットを通じた取引が増大するにつれて，税関の監視の対象とされない国際取引が増大しています。こうした取引については，現在のところ，各国が，それぞれの国内法で定めるルールに従い，課税か否かの判断を行っています。しかしながら，こうした状況を放置すると，1つの取引に対して供給者の所在地国と顧客の所在地国の双方が課税する（二重課税），あるいは，いずれの国も課税しない（二重非課税）といった結果が発生する可能性が大きくなり，不公正な状態となります。

　したがって，国内法のルールを越えた世界共通のルールが必要となります。ルールの形式としては，国際的ガイドラインのような任意的なものや所得課税における租税条約のような強制力のあるものが考えられます。

　注目されるのは，経済開発協力機構（OECD）が，2014年4月に，サービスおよび無形資産の国際取引についてのガイドライン（〝International VAT/GST Guidelines〟）を公表していることです。それによると，サービスと無形資産に係る国際取引については消費地国の定めるルールに従って課税すること（ガイドライン3.1），そのうちの事業者間取引については顧客所在地国が課税権を有すること（ガイドライン3.2）などが定められています。

　今後，消費税の分野においても，国際課税についての議論が盛んになっていくものと思われます。

第10章

国際課税に関する税務行政

I 国際課税に関する税務行政の重要性

　各国の租税法は国内法ですから,その国の主権の及ぶ領土内でのみ効力を有します。これは,わが国の所得税法でも法人税法でも同様です。それゆえ,例えばわが国に居住する個人や内国法人であれば,国の内外での所得のすべてが課税の対象となりますが,課税を担保する税務調査や資料の収集は日本国内で行うことが大原則であり,国境を越えて他国の領土内で行うことは,その国への主権侵害と見なされます。こうした意味で,国内の租税法の国外での施行がないのと同様に,税務調査などの国外での執行もありません。

　他方,個人や法人が行う事業や金融取引には国境がありません。その内容も,営業所や支店の他国内への設置に始まり,他国内への子会社設置や外国法人株式への投資等,多岐にわたっています。

　すなわち,所得課税を目的とする租税法は,経済活動の成果として生じたすべての所得を課税物件としているにもかかわらず,全世界にわたる経済活動に対して,一国の租税法はその国内のみを施行地とするに過ぎません。

　租税条約の目的の1つに,脱税や租税回避の排除があります。一国の行う税務行政は国境をまたげませんが,課税の公平という租税法の原則のためには,国際的な経済活動を行う納税者に対しても,国内にとどまる納税者と同

様の課税が行われる必要があります。

　そのため，わが国の国内法では，国外との金銭のやり取りなどを把握するための制度が設けられており，租税条約では締結国間での情報交換の規定を置いて，納税者に関する情報を相互に提供する仕組みが作られています。

II 国際課税に関する制度と税務行政

1．情報の収集と提供

(1) 国内制度による情報の収集

　わが国の国内租税法に基づいて国税の執行を行う行政機関は主に国税庁です。所得税や法人税等の申告納税制度を採用している租税は，納税者のする申告により納付すべき税額が確定しますが，納税者の申告内容を確認するために税務調査が行われます。

　わが国の租税法により納税義務を負う以上は税務調査の対象となります。また，実際に納税者と接して行う税務調査に加え，納税者に関してのさまざまな情報を集めて納税者の申告の適否を判断することも行われます。

　しかしながら，日本の租税法は国内法ですから，他国の領土内ではわが国の税務職員による税務調査や資料の収集はできません。何らかの方法をとらなければ，国際的な取引や投資に基づく納税者の税務申告の確認ができないことになります。そのため，国外との金銭のやり取りや国外に所在する財産の状況など，納税者についての情報を収集するための制度が，以下のように整えられています。

①国外送金等調書提出制度

　国際的な取引や投資を行うため，わが国から国外に向けての送金や国外からの送金の受領は日常的に行われています。送金や送金の受領の目的もさまざまで，取引先との仕入代金等の授受をはじめ，国外に居住する親族への送金もあります。また，外国の金融機関に有する口座への資金送金やその口座

からの国内に向けた送金もあるでしょう。

　こうした送金や送金の受領については，現在は原則として自由に行えるため，場合によっては納税者が脱税した資金の送金や保有している資産の隠ぺいのために，国外送受金を行うことがあるかもしれません。

　そこで，1997（平成 9）年に外国為替及び外国貿易法が改正されて国外送受金が原則自由になったことにあわせて，「内国税の適正な課税の確保を図るための国外送金等に係る調書の提出等に関する法律」（以下「国外送金等調書法」といいます。）が同年 12 月に制定され，**国外送金等調書提出制度**が導入されました。この制度は，納税者の国外取引について国税当局が把握することができるよう，100 万円を超える金額を国外へ送金または国外から受領する者に対して国外送金等に係る告知を金融機関に行うことを義務づけるとともに，海外送受金を行った金融機関に対して所轄税務署長への調書の提出を義務づける内容になっています。提出された調書の枚数は，国税庁によると 2013（平成 25）年度で約 631 万枚となっています（国税庁レポート 2015 による。）。

②国外財産調書提出制度

　国境をまたいで取引を行う者は法人ばかりでなく，個人でも多くなってきています。また，個人が保有する資産についても，日本国内ばかりではなく国外に所在するものも多くなっています。

　しかしながら，国外にある資産については，わが国の国税当局は調査などを行って確認することができません。さらには，わが国と外国との資金の流れは把握できますが，その資金の流れの先に何があるのかについては，把握が困難でした。

　そこで，2012（平成 24）年度の税制改正において国外送金等調書法が改正され，**国外財産調書提出制度**が新たに設けられました。これは，わが国の居住者である個人が各年末において日本円で 5,000 万円を超える国外財産を有している場合には，財産の種類や金額等について記載した調書を翌年 3 月 15 日までに所轄税務署長へ提出しなければならないとするものです。

また，その提出を促すため，その国外財産に係る加算税についての特則が定められています。すなわち，この調書を期限までに提出した場合には，調書に記載された国外財産に関して後日に所得税や相続税の申告漏れが生じた場合には，過少申告加算税や無申告加算税を5％軽減するというものです。他方，この調書を期限までに提出しなかった場合や調書への記載漏れの国外財産があった場合には，その国外財産に関して後日に所得税の修正申告があった場合には，過少申告加算税や無申告加算税について5％加重するという特則も定められています（国外送金等調書法6①②）。

(2) 租税条約による情報交換
　国内の制度に基づいた情報の収集には相応の成果や効果を求めることができますが，これらはあくまでも日本国内からのみ収集できる資料に限られるため，十分なものではありません。
　そこで，租税条約に規定された情報交換の制度を用いることにより，締結相手国の課税当局の協力のもとでの情報収集が有効になります。
　租税条約には情報交換に関する規定が置かれていますが，わが国としてもこうした情報交換を円滑に行うため，実特法に租税条約の締結相手国への情報提供を行うための根拠が規定されています（実特法8の2）。ただし，こうした情報提供は相互主義に基づいて行われる必要があり，また，提供した情報は国内と同様に守秘される必要があることから，提供できない場合も規定されています。すなわち，提供する相手国の税務当局がわが国に対して情報提供ができない場合や，提供する相手国において秘密の保持が担保されていない，あるいは目的以外に使用されるおそれがある場合などがこれにあたります。
　また，条約の締結相手国から情報提供の依頼があった場合には，要請の対象である納税者の情報を得るため，税務職員に質問検査権が与えられています（実特法9①）。
　なお，わが国が租税条約締結相手国との間で行った情報提供の件数は，情報提供の類型別で，次のようになっています。いずれも，2013（平成25）年

7月から2014（平成26）年6月までの間の件数です（国税庁の発表による）。
① 要請に基づく情報交換。わが国から相手国に行った情報提供の要請件数は720件であり，アジア・大洋州の国や地域向けが全体の6割を占める469件となっています。逆に相手国からわが国に対して情報提供の要請があった件数は，106件となっています。
② 自動的な情報交換。わが国から相手国に対して送付したものが約12万6千件，相手国からわが国に送付されたものが約13万3千件となっています。
③ 自発的な情報提供。わが国から相手国に対して行ったものが6,881件，相手国からわが国に対して行われたものが3,062件となっています。

こうした情報交換は，権限ある当局間で行われますので，わが国の窓口は国税庁とされています。税務調査を担当する税務署や国税局が調査のために国外での情報を必要とする場合には，上部機関である国税庁を通じて外国の税務当局と情報のやり取りを行うのです。

なお，租税条約による情報交換は，あくまでもわが国が締結した租税条約の条項に基づいて行うものですから，相手国との間で租税条約が締結されていない場合には，こうした情報交換はできません。

(3) 金融口座に関する自動的情報交換

アメリカでは，2010年3月に「外国口座税務コンプライアンス法」（FATCA）と呼ばれる法律が制定されました。この法律は，アメリカの市民権を有する者やアメリカに居住する者などが，国外の金融機関の口座に資産などを移すことにより，アメリカの租税を回避することを防止するために制定されたものです。各国の金融機関に対しても，口座開設等の場面で口座開設者が上記の者に該当する場合などに提出される資料に基づいて，アメリカの税務当局への情報提供を求めるものです。

わが国の課税当局や金融庁は，このFATCA実施に関してアメリカに協力するとともに，日本国内の金融機関が実施する手続きの内容を明確にするための声明を2013（平成25）年6月にアメリカ財務省と共同で発表していま

す。

　また，このFATCAを契機として，OECDでも各国間での非居住者の金融口座の情報提供について，より円滑に行うための基準が作成されました。従前から，非居住者の利子や配当の支払いに関する資料は自動的情報交換の対象でしたが，そうしたフローの情報のみならず，口座の残高というストックについての情報も自動的情報交換により提供し合うこととしたのです。これは，各国の金融機関が非居住者の口座に関する情報を各国の税務当局に報告し，その報告に基づいて，それぞれの居住地国の税務当局に対し，相互に情報を提供するための基準です。わが国においても，この制度を実施するための法整備がなされています（実特法10の5，10の6）。

(4) 税務調査を通じた情報交換

　1.の(2)では，租税条約による情報交換について説明しましたが，同じく租税条約による情報交換の一形態として，**同時調査**という手法が用いられることがあります。

　すでに述べたように，条約の締結相手国であっても，わが国の税務当局が相手国内で税務調査を行うことはできません。しかしながら，例えば，わが国の居住者である法人と相手国の法人との間に何らかの資本関係や取引関係などがある場合に，わが国の法人に対しては日本国内においてわが国の税務当局が税務調査を行い，相手国の法人に対しては相手国の国内において相手国の税務当局が税務調査を行い，それぞれの国の税務当局により得られた資料等をもとに両国が情報交換を行う，という手法をとるのであれば，相手国内において税務調査を行うのと同様の効果が期待できることになります。こうした形態の税務調査を同時調査と呼んでいます。

　また，こうした同時調査の手法は脱税に対する査察調査にも用いられることがあり，わが国とアメリカの間では，2012（平成24）年7月に日米同時査察調査実施の取決めがなされています。

2. 国をまたいだ課税逃れへの対応

　国外との取引や金銭のやり取りを把握するための制度に加え，わが国で課税の対象とされる取引について，国家間の税制度の違いを利用した租税回避を防止するための制度が設けられています。それが，**出国税**と一般に呼ばれている**国外転出をする場合の譲渡所得課税の特例**です。

　租税条約上，株式等の有価証券のキャピタルゲインに対しては，その有価証券を売却した者の居住地国のみが課税できます。したがって，個人が株式等の有価証券を保有したままで外国に転出し，転出先の外国でそうした有価証券を売却してキャピタルゲインを得たとしても，そのキャピタルゲインに対しては日本では課税できません。

　そのため，例えばキャピタルゲインが非課税である国に転出して有価証券を売却すれば，その者は非課税でキャピタルゲインを稼得することができます。すなわち，わが国の居住者であれば課税されたのに，外国に転出することによって，わが国の課税から逃れることが可能でした。

　そこで，こうした課税逃れを回避するため，一定の価額以上の有価証券を保有する者が海外に転出する際に，その保有する有価証券を譲渡等したものと見なして特例的に課税する制度が，2015（平成27）年度の税制改正で導入されました（所法60の2）。

　課税対象となる個人は，出国時に保有する有価証券の価額が1億円以上であり，かつ，国外転出の日前10年以内に，国内に住所または居所を有していた期間の合計が5年超である者とされています。課税対象となる金額は，保有する有価証券の出国時の価額などに相当する金額です。譲渡等したものと見なされるのですから，通常の有価証券の譲渡等と同様に取り扱われます。

　また，海外に駐在して数年後に帰国する予定の者も該当しますから，納税管理人を指定し，かつ担保を提供することにより5年間（最大10年間），納税の猶予を受けることができます（所法137の2）。

　なお，国外転出の日から5年を経過する日までに帰国をした場合には，引き続き保有していた有価証券については，このみなし譲渡課税はなかったものとすることができます。

3. 租税徴収の共助

徴収共助の必要性や基本的な仕組みについては，第3章のⅢ3に説明されていますが，ここでは，わが国が締結した租税条約に規定されている徴収共助について述べ，あわせて，国内法での規定についても説明します。

(1) 租税条約による徴収共助等

わが国が締結した租税条約の中には，この**徴収の共助**を規定した条項を置くものもあります。例えば日米租税条約では，以前はごく限定的な徴収の共助の規定が置かれていましたが，2013（平成25）年1月に署名された改正議定書においては，徴収共助のための条項が大幅に拡充され，滞納した租税債権一般について徴収の共助が可能になっています（日米27①）。

徴収共助の対象となる債権は，租税に限らず附加税，利子，徴収の費用等の幅広い債権とされています。また，わが国が徴収をアメリカの税務当局に要請できるわが国の税目は，日米租税条約の適用対象である所得税と法人税に加え，消費税，相続税，贈与税となっています（日米27④）。

こうした二国間の租税条約に加え，OECDが主導し，わが国について2013（平成25）年に発行した多国間条約である税務行政執行共助条約においても，各国間で行う徴収の支援についての規定が置かれています。この条約では，租税の滞納に関する情報を交換するための規定や租税の滞納者の資産が他の締約国にある場合のその徴収の依頼のほか，他の締約国に所在する滞納者への文書送達の依頼などを行うことができることになっています。徴収を依頼できる税目は，日本の場合，所得税をはじめとする21の税目に及んでいます。

(2) 徴収共助等に関する国内法の規定

こうした徴収共助の実施を容易にするため，わが国では実特法の中で外国の税務当局から徴収の共助または財産の保全の共助の要請があった場合の取扱いが規定されています（第11条から第11条の2）。

すなわち，外国の税務当局の要請を受けて共助を行う決定を行った場合

は，共助対象者に共助実施決定通知書が送付され，滞納処分における督促と同義に扱われます。自主的な納付がなされない場合には，差押も行われます。

また，送達の共助については，外国の税務当局から租税の賦課・徴収に関する文書の送達要請があった場合は，わが国に所在する者に対して国税通則法の規定に準じて送達がなされます（実特法11の3）。

III 国際的な協力

1. 租税回避防止のための国際協力

租税条約は，主に二国間で生じる二重課税の回避や脱税等の防止のための情報の交換のために締結されますが，こうした租税条約の形をとらずに，各国の税務当局が相互に協力し合うことにより，経済のグローバル化に伴う国際的な課税問題にも対応しています。

こうした協力の大きなものとして，BEPS行動計画への参画があります。

複数の国にまたがった経済活動を行うグローバル企業と呼ばれる法人においては，各種のグループ企業を各国に設立し，一連の経済取引を分散させることによって各国の税制度や複数の租税条約の規定を利用し，結果としてどこの国に対してもきわめて少額の納税しか行わないとの実態が明らかになってきました。いわゆる二重不課税の問題です。こうしたグローバル企業の行動は，個々には脱法行為ではないものの，各国政府から問題視されるようになっています。特に欧米では，国際的な通販会社やコーヒーチェーン店などの行動が非難を浴びることになりました。

こうした各国税制の違いなどを利用した行為について，OECDは「税源浸食と利益移転（BEPS）」と呼び，各国の法人税収を著しく損なう元凶と位置づけて，それらへの対応を「BEPS行動計画」として採択しています。

わが国もOECDの一員としてこの計画を支持し，各国と協力してBEPS行動計画への参画を表明しています。

> [column 10] JITSIC とは何か

　国際的な租税回避に関する情報を交換し，各国での対応に活かしていくことを目的として，2004（平成16）年に JITSIC（Joint International Tax Shelter Information Centre）が設置されました。当初は，アメリカ，イギリス，カナダ，オーストラリアの4か国の税務当局の合意によりアメリカのワシントンに設置されたものです。国際的な租税回避スキームを把握するためには各国の税務当局間の情報交換と協力が不可欠である，との認識に基づくものです。わが国は，2007（平成19）年のロンドン事務所開設時に参加し，現在は，韓国，中国，フランス，ドイツを含めた9か国で構成されています。
　ワシントンとロンドンの事務所には，参加各国の税務当局の担当者が派遣され，国際的な租税回避スキームや各国の富裕層に関する情報を交換するとともに，税務調査に関するノウハウの蓄積を行っています。
　なお，この JITSIC については，今後，参加国を9か国から OECD に加盟していない国も含めて 38 か国に拡大していくこととされています。

2. 税務行政についての国際協力

(1) 開発途上国への支援

　わが国の行う国際協力は，税務行政についての協力にも及んでいます。主に発展途上国の人材育成を目的として，例えば国税庁では，開発途上国の税務当局に専門家を派遣したり，こうした国々から税務職員をわが国に招いての研修等を実施しています。

(2) 各国の税務当局による国際協力

　各国は政治体制や政治的な利害は異なりますが，課税当局の問題意識は共通しています。納税者の租税法への遵法精神を高め，脱税や租税回避行為を排除し，各国の税収を増やすことなどに対しては共通した問題意識をもっています。

そのため，こうした問題への対応や各国の課税当局間の協力を進めるために，各国執行機関の長による会議や事務レベルでの打合せが行われています。
　例えば，OECD に加盟していない国も含めた 38 か国の税務当局の長による FTA（OECD 税務長官会議）などが毎年開催され，BEPS への対応等の協議が行われています。

参考文献

Alan Schenk, Victor Thuronyi,and Wei Cui "Value Added Tax A Comparative Approach SECOND EDITION" Cambridge 2015.
EU VAT Compass 2014/2015（IBFD 2014）.
OECD "International VAT/GST Guidelines" Global Forum on VAT 17-18 April 2014.
赤松晃『国際課税の実務と理論』税務研究会出版局, 2015 年。
浅川雅嗣「OECD における BEPS と自動的情報交換への取り組み」租税研究, 4月号, 2015 年。
浅妻章如「タックス・ヘイヴン対策税制（CFC 税制）の租税条約適合性」立教法学, 第 73 号, 2007 年。
占部裕典「タックス・ヘイブン税制と租税条約の抵触関係について」同志社法学, 第 58 巻第 2 号, 2006 年。
大蔵財務協会『改正税法のすべて』各年版。
岡田幸人「租税特別措置法 66 条の 6 第 1 項は,「所得に対する租税に関する二重課税の回避及び脱税の防止のための日本国政府とシンガポール共和国との間の協定」7 条 1 項に違反するか」法曹時報, 第 63 巻第 7 号, 2011 年。
金子宏『租税法（第 20 版）』弘文堂, 2015 年。
川田剛『国際課税の基礎知識（8 訂版）』税務経理協会, 2010 年。
川端康之監訳「OECD モデル租税条約 2010 年版」日本租税研究協会, 2011 年。
国際税務研究グループ『国際課税問題と政府間協議』大蔵財務協会, 1993 年。
小松芳明『国際租税法講義（増補版）』税務経理協会, 1998 年。
住沢整編著『図説　日本の税制（平成 26 年度版）』財経詳報社, 2014 年。
高橋元監修『タックス・ヘイブン対策税制の解説』清文社, 1978 年。
土屋重義・沼田博幸・廣木準一・下村英紀・池上健『ベーシック租税法』同文舘出版, 2015 年。
中里実『国際取引と課税』有斐閣, 1993 年。
中里実「タックスヘイブン対策税制」税研, 第 124 号, 2005 年。
中里実・弘中聡浩・渕圭吾・伊藤剛志・吉村政穂編『租税法概説（第 2 版）』有斐閣, 2015 年。
橋本秀法「我が国タックス・ヘイブン税制と租税条約の関係」税大論叢, 第 54 号, 2007 年。
羽床正秀「租税条約上の相互協議を巡る諸問題」国際税務, 第 12 巻第 7 号, 1992 年。
藤本哲也『国際租税法』中央経済社, 2005 年。
渕圭吾「外国子会社合算税制の意義と機能」フィナンシャル・レビュー, 第 2 号, 2009 年。
本庄資編著『移転価格税制執行の理論と実務』大蔵財務協会, 2010 年。
本庄資・田井良夫・関口博久『国際租税法—概論—』大蔵財務協会, 2012 年。
増井良啓・宮崎裕子『国際租税法（第 2 版）』東京大学出版会, 2011 年。
水野忠恒編著『二訂版 国際課税の理論と課題』税務経理協会, 2004 年。
村井正編著『国際租税法』清文社, 2013 年。
村井正編著『入門国際租税法』清文社, 2013 年。
望月文夫『図解国際税務』大蔵財務協会, 2014 年。
安河内誠・山田博志「平成 26 年度の国際課税（含む政省令事項）に関する改正について」租税研究, 8 月号, 2014 年。
リチャード・E・ケイビス（岡本康雄・長瀬勝彦・白石弘幸・周佐喜和・姉川知史訳）『多国籍企業と経済分析』千倉書房, 1992 年。
渡辺淑夫『最新 外国税額控除（3 訂版）』同文舘出版, 2008 年。

索引

A～Z

- AOA … 34
- LOB 条項 … 49
- PE … 27
- PE 帰属資本 … 159
- PE 帰属所得 … 39
- PE なければ課税なし … 31

あ

- 遺産課税方式 … 162
- 遺産取得課税方式 … 162
- 1 号 PE … 27
- 一括限度額方式 … 79, 167
- インカム・アプローチ … 99
- エンティティー・アプローチ … 98

か

- ガーンジー島付事件 … 91
- 外国関係会社 … 100
- 外国子会社合算税制 … 97
- 外国税額控除方式 … 68, 71, 167
- 外国法人 … 17
- 過小資本税制 … 149
- 課税対象金額 … 105
- 過大支払利子税制 … 155
- 間接外国税額控除 … 83
- 間接特定課税対象金額 … 121
- 管理支配基準 … 106
- 管理支配地主義 … 20
- 関連者純支払利子等 … 156, 157
- 基準所得金額 … 103
- 帰属主義 … 34, 93
- 居住者 … 17, 18
- 居住地国 … 67, 69
- 居住地国課税 … 3
- 国別限度額方式 … 80, 167
- グラクソ事件 … 12
- 経済的二重課税 … 81
- 経費控除方式 … 70
- 原価基準法 … 137
- 権限ある当局 … 61
- 原産地主義 … 171
- 源泉地国 … 67, 69
- 源泉地国課税 … 3
- 源泉分離課税 … 37
- 恒久的施設（PE） … 27
- 恒久的施設帰属所得 … 93
- 控除対象配当等の額 … 103
- コーポレート・インバージョン … 125
- コーポレート・インバージョン対策合算税制 … 125
- 国外関連者 … 132
- 国外関連取引 … 131
- 国外源泉所得 … 39, 90
- 国外財産調書提出制度 … 179
- 国外財産免除方式 … 167
- 国外事業者申告納税方式 … 173
- 国外事業所等帰属所得 … 40
- 国外支配株主等 … 150
- 国外所得金額 … 90
- 国外所得免除方式 … 68, 71

189

国外送金等調書提出制度	179	総合課税	30
国外転出をする場合の譲渡所得課税の特例	183	総合主義	34, 93
国際的な租税回避	1	相互協議	61
国際的な二重課税	1	ソースルール	21

さ

財産の所在	165
再販売価格基準法	136
債務者主義	27
三角合併等	125
3号PE	28
事業基準	106
事業者向け電気通信利用役務の提供	172, 173
事業持株会社	115
資金供与者等	150
資産性所得の合算課税	117
実体基準	106
資本配賦法	159
資本輸出国の中立性	78
資本輸入国の中立性	78
仕向地主義	171
住所	164
主たる事業	107
受動的所得	81
使用地主義	27
除外（個別）規定	24
所在地国基準	106
所得項目別限度額方式	81
人的帰属	35
請求権勘案保有株式等	105
制限納税義務者	3, 161, 164
セービング・クローズ	47
設立準拠法主義	20

た

タックス・ヘイブン	78, 100
タックス・ヘイブン対策税制	97
短期滞在者免税	58
仲裁	61
徴収の共助	184
調整所得金額	156, 157
地理的帰属	35
適用除外	106
適用対象金額	104
電気通信利用役務の提供	172
統括会社	115
同業法人比準法	159
同時調査	182
特定外国子会社等	101
特定課税対象金額	120
特定所得	118
独立価格比準法	136
独立企業間価格	134
トリガー税率	101
取引単位営業利益法	140

な

内国法人	17
2号PE	28
能動的所得	81

は

非永住者 ……………………………………… 17
比較可能性分析 …………………………… 129
非関連者基準 ……………………………… 106
非居住者 ……………………………… 17, 18
彼此流用 ……………………………… 79, 80
183 日ルール ………………………………… 58

物流統括会社 ……………………………… 115
部分課税対象金額 ………………………… 117
部分適用対象金額 ………………………… 117
プリザベーション・クローズ ……………… 47
分離課税 ……………………………………… 31

包括（原則）規定 ………………………… 21
法的二重課税 ……………………………… 81

香港特別行政区 …………………………… 113
本店所在地主義 …………………………… 20

ま

無制限納税義務者 ……………… 3, 161, 164

ら

来料加工取引 ……………………………… 113

利益分割法 ………………………………… 138

リバースチャージ方式 …………………… 173

累進付免除方式 …………………………… 73

レポ取引 ……………………………… 154, 155

判例索引

東京地判平成 2・9・19 行集 41 巻 9 号 1497 ……………………………………………… 109
静岡地判平成 7・11・9 訟月 42 巻 12 号 3042 頁 ………………………………………… 107
最判平成 17・12・19 民集 59 巻 10 号 2964 頁 ……………………………………………… 91
東京地判平成 19・5・23 訟月 55 巻 2 号 267 頁 …………………………………………… 165
最判平成 19・9・28 民集 61 巻 6 号 2486 頁 ……………………………………………… 104
東京高判平成 20・2・28 税資 258 号順号 10904 …………………………………………… 19
東京地判平成 21・5・28 訟月 59 巻 1 号 30 頁 …………………………………………… 113
最判平成 21・10・29 民集 63 巻 8 号 1881 頁 ………………………………………… 13, 124
最判平成 21・12・3 民集 63 巻 10 号 2283 頁 ……………………………………………… 91
東京地判平成 24・10・20 裁判所ホームページ …………………………………………… 108

著者紹介

土屋　重義（つちや　しげよし）亜細亜大学法学部教授
　早稲田大学政治経済学部卒業後，国税庁入庁。
　国税庁調査課長，沖縄国税事務所長，熊本国税局長等を経て現職。
〈主要業績〉
『国際課税の理論と実務』〔分担執筆〕（大蔵財務協会，2011年）
『移転価格税制執行の理論と税務』〔分担執筆〕（大蔵財務協会，2010年）
『一問一答による定期借地権の税務』（共著，大蔵財務協会，1997年）ほか多数。

沼田　博幸（ぬまた　ひろゆき）明治大学専門職大学院会計専門職研究科教授
　金沢大学法文学部法学科卒業後，国税庁入庁。
　国税不服審判所部長審判官，国税庁課税部課税総括課消費税室長，福岡国税不服審判所長，新潟大学経済学部教授等を経て現職。
〈主要業績〉
「一般間接税100年の回顧と展望―クロスボーダー取引への対応を中心として―」租税研究782号（2014年）
「クロスボーダー取引に対する消費課税のあり方について―原産地原則と仕向地原則の選択を中心として―」会計論叢8号（2013年）
『国際課税の理論と実務』〔分担執筆〕（大蔵財務協会，2011年）ほか多数。

廣木　準一（ひろき　じゅんいち）亜細亜大学法学部特任教授
　東京大学法学部卒業後，国税庁入庁。
　仙台国税不服審判所長，関東信越国税不服審判所長，横浜市立大学教授等を経て現職。
〈主要業績〉
「消費税法上の課税仕入れとその用途区分について」ジュリスト1474号（2014年）
「アスベスト除去費用等は，雑損控除の対象となるか」ジュリスト1451号（2013年）
『損害保険税務と代理店税務の基本』（㈱損害保険企画，1998年）ほか多数。

池上　健（いけがみ　たけし）明治大学専門職大学院会計専門職研究科教授
　早稲田大学政治経済学部卒業後，国税庁入庁。
　旧大蔵省や旧経済企画庁勤務を経て米国ハーバード・ロースクール国際租税講座修了。その後，JICAの専門家としてインドネシア財務省顧問の後，JETRO勤務，仙台国税不服審判所長等を経て現職。
〈主要業績〉
『収用交換等の場合の譲渡所得等の特別控除』（国税不服審判所　裁決等研究事例，2011年）
『非永住者に対する課税について』（国税不服審判所　裁決等研究事例，2010年）ほか多数。

本田　光宏（ほんだ　みつひろ）筑波大学大学院ビジネス科学研究科教授，税理士
　東北大学法学部卒業後，国税庁入庁。
　南カリフォルニア大学公共経営大学院修了（M.P.A.），大蔵省主税局課長補佐，ジョージタウン大学法科大学院租税法修了（LL.M.），国税庁調査査察部調査課国際調査管理官，OECD租税センターシニア・アドバイザー，東京国税局調査第三部長，課税第二部長，高松国税局総務部長等を経て現職。
〈主要業績〉
『移転価格税制執行の理論と実務』〔分担執筆〕（大蔵財務協会，2010）
『日・メキシコ，日・南アフリカ租税条約の解説』（日本租税研究協会，1998）ほか多数。

| 平成27年10月5日　　初版発行 | 略称：ベーシック国際租税 |

ベーシック国際租税法

著者© 土屋　重義
　　　沼田　博幸
　　　廣木　準一
　　　池上　　健
　　　本田　光宏

発行者　中島　治久

発行所　同文舘出版株式会社
東京都千代田区神田神保町1-41　〒101-0051
営業（03）3294-1801　　編集（03）3294-1803
振替 00100-8-42935　http://www.dobunkan.co.jp

Printed in Japan 2015　　DTP：マーリンクレイン
　　　　　　　　　　　　印刷・製本：三美印刷

ISBN978-4-495-17651-8

JCOPY〈出版者著作権管理機構 委託出版物〉
本書の無断複製は著作権法上での例外を除き禁じられています。複製される場合は、そのつど事前に、出版者著作権管理機構（電話 03-3513-6969、FAX 03-3513-6979、e-mail: info@jcopy.or.jp）の許諾を得てください。

本書とともに〈好評発売中〉

ベーシック租税法

土屋　重義
沼田　博幸
廣木　準一　［著］
下村　英紀
池上　健

A5版・264頁
定価（本体2,500円＋税）

ベーシック法人税法

下村　英紀　［著］

A5版・176頁
定価（本体2,000円＋税）